EXU MEU COMPADRE
UMA ABORDAGEM ANALÍTICA

contato@sattvaeditora.com.br
www.sattvaeditora.com.br

Editora: Vivian Lerner
Projeto gráfico e diagramação: Manu/OFÁ Design
Capa: Manu/OFÁ Design
Revisão: Olenka Franco

EXU - Meu Compadre
Uma abordagem analítica
Copyright ©2019 • Sattva Editora

Todos os direitos reservados

Nenhuma parte desta obra pode ser reproduzida
sem a autorização expressa da editora.

Dados Internacionais de Catalogação na Publicação (CIP)
Agência Brasileira do ISBN - Bibliotecária Priscila Pena Machado CRB-7/6971

```
Z16   Zacharias, José Jorge de Morais.
         Exu, meu compadre : uma abordagem analítica / José
      Jorge de Morais Zacharias. — São Paulo : Sattva, 2019.
         104 p. ; 21 cm.

         Inclui bibliografia.
         ISBN 978-85-67977-38-6

         1. Psicologia analítica. 2. Psicologia junguiana.
      3. Psicanálise e religião. I. Título.

                                              CDD 200.19
```

JOSÉ JORGE DE MORAIS ZACHARIAS

EXU MEU COMPADRE
UMA ABORDAGEM ANALÍTICA

SATTVA
EDITORA

2019

PREFÁCIO

Tradicionalmente, psicólogos junguiano buscam na tradição helênica um embasamento arquetípico da psique.

Em Exu - Meu Compadre, Jorge Zacharias segue um caminho diferente e busca referências em outra mitologia: a africana. É ousado, não por procurar objeto de estudo em outra cultura, mas, principalmente, por referenciar uma figura viva e emblemática em nosso país. Cultuado por muitos, agredido por outros tantos, Exu é intrigante, sagaz, enigmático e controverso.

Na tradição africana e brasileira, Exu, o senhor dos caminhos, é o dono das encruzilhadas da vida, é o rei da magia, é aquele dá a quem merece, mas tira sem dó daquele que infringe as leis divinas; por isso, Exu é considerado *Olopa* (Fiscalizador e Justiceiro das Leis de Deus Oxalá). Manipula o Axé (força vital) indispensável para a vida. Exu é também *Elegba Ogo*, o senhor do poder fálico, o Orixá de sexualidade e sensualidade humanas. Sua poderosa figura quebra tabus e preconceitos ao mostrar que a sexualidade é tão sagrada e natural quanto o ar que respiramos e o alimento que nos sustenta. Logo, podemos concluir que a vida começa e é mantida pelo ser mítico Exu.

Se não bastasse, Exu é Senhor Absoluto do Inconsciente, aquele que trabalha no escuro, no oculto. Exu, ambíguo, é a sombra individual e também a coletiva, é o que se conhece em Psicologia Analítica como Psicopompo - o condutor das Almas.

Para confrontar-se com Exu não basta intelecto, é preciso sentimento, coragem e reverência. Seja como ser mítico ou como Orixá vivo, atravessa diferentes mundos, caminha com desenvoltura e faz questão de provocar o inconsciente de quem o procura.

A Exu, o dinamismo da vida que nunca cessa, meus respeitos,

Mojubá!

Vivian Lerner

SUMÁRIO

INTRODUÇÃO
Psicologia e religião, olhares sobre o mesmo fenômeno 9

CAPÍTULO 1
APRESENTANDO O MEU COMPADRE 17

1.1 Exu como princípio 19
1.2 Exu como relação 27
1.3 Algumas características de Exu 35
1.4 O Compadre e outros parentes 39

CAPÍTULO 2
NOVOS CAMINHOS, NOVOS AMIGOS 47

2.1 A umbanda 47

CAPÍTULO 3
MEU COMPADRE CHEGA AO BRASIL 83

3.1 História e desenvolvimento do culto dos orixás 90
3.2 Sincretismos e Questões Sociais 92

CAPÍTULO 4
CONCLUSÃO: OI, ME DÁ MEU CHAPÉU, QUE JÁ VOU EMBORA!
PORQUE BRINCADEIRA TEM HORA! 97

REFERÊNCIAS 102

INTRODUÇÃO

PSICOLOGIA E RELIGIÃO, OLHARES SOBRE O MESMO FENÔMENO

As questões teóricas e conflitos entre a *práxis* da psicologia e de atividades místicas ou religiosas sempre foram campo de muitos debates e pesquisas, seja em função de posturas mais radicais em termos de cientificismo ou posturas mais inclusivas do fenômeno religioso pela psicologia científica; ou por atividades ingênuas e crédulas que remetem ao pensamento mágico infantil. Estas oscilações de foco criam no contexto social um movimento pendular, no qual a atenção vai de um oposto a outro, da ciência à superstição.

Por um lado, o pêndulo tende para a postura científica mais positivista, em que alguns autores abordam o fenômeno religioso como algo exclusivamente psicossocial ou fisiológico, descrevendo crenças e valores de um determinado grupo ou mapeando sinapses e alterações bioquímicas do cérebro. Nestes casos, a essência transcendente da experiência religiosa; para o indivíduo que a vive, é alienada da natureza humana, reduzindo a vivência religiosa a um engodo, pois as divindades ou planos espirituais não passariam de conexões elétricas entre neurônios ou de crenças e tradições aprendidas culturalmente. Neste sentido, não há um significado intrínseco ao indivíduo que se relacione com as estruturas de sua personalidade.

Por outro lado, o pêndulo dispara para práticas e posturas pseudocientíficas, nas quais se justificam todas as experiências religiosas como tal, sem a tentativa de se compreender suas implicações psicológicas; assim se autoriza uma postura contemplativa e fenomenológica primária sem a busca de suas questões mais profundas.

Estes extremos de oscilação pendular nos remetem ora para a razão crítica e cética, ora para a crença crédula e ingênua.

O que Freud chamou de "onda mística" não é algo tão facilmente desconsiderado no âmbito da psicologia e das ciências sociais como um todo. Não é possível simplesmente pensar em resguardar a psicologia da "lama negra do ocultismo", como queria Freud no início da psicanálise (JUNG, 1975). Parece que a questão não é tão simples assim.

Nossa cultura brasileira foi construída na tradição católica popular portuguesa, amalgamada por práticas religiosas indígenas e africanas. Nossa religiosidade, a exemplo de todas as culturas, sempre incluiu aspectos místicos que foram se difundindo na vida social. E de que outro modo poderia ser, se afinal uma das expressões humanas mais legítimas é o comportamento religioso? As culturas, sociedades e comunidades sempre dirigiram sua devoção a um deus, aos mortos, aos espíritos, a elementos da natureza, aos animais; e, mais modernamente, à ciência, ao capital ou ao partido. Sim, pois o comportamento religioso não precisa ser direcionado exclusivamente a entidades sobrenaturais em si, podemos observar a devoção de pessoas a deuses mais materiais, como ao Estado e ao capital, deuses um tanto mais perversos que os antigos. O comportamento religioso e místico é observado em todas as culturas e épocas, mesmo quando a Razão foi elevada à condição de deusa e consagrada na Catedral de Nôtre Dame durante o Iluminismo.

A partir disso, não podemos entender a questão do misticismo esotérico ou da religiosidade como algo que bate às portas da psicologia, como alguns psicólogos já colocaram na atualidade. Se assim fosse, seria o mesmo que admitir que a psicologia nunca quis olhar a dimensão mística e religiosa do comportamento humano. Quem poderá afirmar que o misticismo e a religiosidade chegaram ao mundo depois da psicologia?

É fato que, em muitas regiões do Brasil, as pessoas confiam mais nas tradicionais benzedeiras do que nas práticas médicas convencionais e cientificamente demonstradas. Certamente este dado evidencia, por um lado, uma sociedade organizada na desigualdade social, em que muitos nunca tiveram acesso a tratamentos médicos adequados e onde o apoio das benzedeiras foi o único alento em meio ao sofrimento físico e emocional.

Não queremos dizer com isto que somente o tratamento médico resolveria todo o problema, pois se esta população for arrancada de suas raízes tradicionais corre o risco de perder a alma. Sem as benzedeiras, muito dos mapas de realidade destas populações se esvaziaria, lançando-as em um limbo entre sua tradição expropriada e a cultura cientificista não atingida. Entendemos alma aqui como raiz e cultura que dá sentido e significado a um indivíduo e a uma comunidade.

Com o desenvolvimento das ciências biológicas, psicológicas e sociais, certamente os antigos xamãs, curandeiros, feiticeiros, adivinhos e outros, foram forçados a ceder lugar aos médicos, psicólogos e cientistas sociais. Os séculos XIX e XX demonstraram o triunfo da ciência positivista e igualmente o da insanidade individual e coletiva (JUNG, 1988). Não estou me referindo ao doente mental, que foi institucionalizado na tentativa da sociedade exorcizar o seu próprio mal estar coletivo, personificado no indivíduo desidentificado, como bem o descreveu Foucault (1972). Referimo-nos aos que, julgando-se portadores da racionalidade científica, jogaram o mundo em duas grandes guerras insanas.

Nunca houve tanta ciência no mundo, e este conhecimento jamais se comprovou devotado exclusivamente ao bem estar e desenvolvimento humano. Os conflitos da atualidade surgem de questões histórico-sócio-psicológicas, além das econômicas. A atual postura belicosa entre ocidente e oriente, entre a cultura cristã e islâmica, bem como o conflito na Palestina, tem por base questões psicológicas, profundamente arraigadas nas culturas afins.

Não pretendemos negar o conhecimento científico e tecnológico, e tampouco sua importância no desenvolvimento humano, mas gostaríamos de afirmar minha posição de que a ciência não é a única verdade pela qual devam se pautar a vida humana e a sociedade. Nem afirmar que a religião tem a habilidade de resolver os problemas do mundo. Aliás, muitas guerras foram e são provocadas por questões religiosas, mas nem por isto a religião deve ser um campo menosprezado, pelo contrário, deve ser compreendido, pois, segundo Jung, ainda habita no fundo de nossas almas um ser humano emocional e mais tribal, apesar de todo o desenvolvimento científico, tecnológico e civilizatório (JUNG, 1987).

O dinamismo humano inclui outras verdades que, embora não sejam científicas, compõem o substrato de nossa experiência. Refiro-me a um quatérnio de campos de experiência humana, em que cada um possui suas verdades e conjunto de saberes, ainda que por métodos diferentes. Como podemos afirmar que a metodologia científica é a única forma de se acessar o conhecimento? Cada um dos quatro campos tem sua metodologia própria, em função da natureza do objeto ou fenômeno em escopo. Além disto, estes campos podem criar pontes de diálogo através de uma abordagem sistêmica e holística, lugar de amplificações dos saberes particulares de cada um dos campos de experiência.

Estes campos são: as ciências, as artes, as filosofias e as religiões.

Quem atenta para o humano e para si mesmo percebe a dinâmica destes saberes que coexistem na existência humana, se entrelaçam, se constroem e reconstroem ao longo da vida e da história. Uma verdade científica é tão real quanto uma verdade artística, religiosa ou filosófica. Cada saber se constrói com base nas diversas experiências. Assim, os pressupostos da física, da biologia ou da psicologia são tão válidos quanto o é a obra de J. S. Bach, a filosofia de Kant ou os milagres de Lourdes. Não se utiliza o mesmo método para cada um destes saberes, mas todos eles não exprimem verdadeiramente o fato da existência humana? Compreender a existência como uma pluralidade de experiências com campos de conhecimento, cada um íntegro em si mesmo, é conferir maior abrangência às dimensões humanas e sua fenomenologia.

Deixando estes saberes todos ao mesmo nível de importância para o desenvolvimento e compreensão humana, gostaríamos de propor um modo peculiar de entender este fenômeno, uma maneira de ver: a questão do olhar.

Entendendo cada um de nós como um ser único, apesar de multifacetado e coletivo, preferimos nos referir ao ser humano como um fenômeno humano que é manifesto em cada indivíduo e na sociedade presente, futura e histórica. Assim, podemos abordar este aspecto através de diversas perspectivas ou olhares diferentes. Podemos compreender a experiência e a existência pelo olhar religioso ou científico, pelo olhar filosófico ou artístico.

Se optarmos pela perspectiva religiosa, ainda precisamos definir se avaliamos e compreendemos a experiência do nosso interlocutor sob a nossa própria perspectiva ou na perspectiva religiosa do paciente; se pretendemos convertê-lo, compreender ou afirmar sua crença.

Se optarmos pela perspectiva científica, mais especialmente o olhar clínico psicológico, precisamos avaliar e compreender a experiência do nosso paciente sob o enfoque da ciência psicológica, sempre tendo como referência a vivência pessoal que nos é narrada.

O que está em jogo não é o fenômeno em si, que pode abarcar muitas leituras, mas a questão está nos olhos de quem vê, ou seja, na perspectiva do observador.

Propomos algumas analogias. Podemos observar uma plantação de soja como um belo quadro a ser pintado, esta é a perspectiva estética. Uma obra do Criador em sua beleza e bondade, a perspectiva religiosa. Um bom desempenho agronômico com o preparo adequado do solo para a cultura da soja, a perspectiva agronômica. Um valor econômico na proporção de capital empregado e lucro obtido com a venda da soja, a perspectiva empresarial. Uma exploração de boias-frias que ganham muito menos do que podem render ao agricultor, a perspectiva sócio-política, e muito mais. O fenômeno é o mesmo, o que muda é o olhar, ou a perspectiva de compreensão do fenômeno. E a possibilidade do diálogo entre os diversos pontos de vista possibilita maior compreensão do fenômeno observado, com suas múltiplas implicações sem, contudo, abarcar toda a sua fenomenologia.

O mundo dos espíritos e o inconsciente possuem fenomenologia semelhante. No entanto, o psicólogo o abordará do ponto de vista da ciência psicológica e o xamã, o médium ou a Yalorixá do ponto de vista mágico e espiritual. Um não invalida o outro, pois possuem entre si íntima relação analógica. Um se torna espelho do outro, mas não podemos saber precisamente qual a fonte produtora da imagem, se espiritual ou psicológica. Aliás, na prática, esta questão não importa muito, pois, a intervenção analítica ou ritualística produzirá efeitos no indivíduo. Por outro lado, em sua origem, não podemos claramente separar o que é espiritual ou psicológico, pois o campo em que se dá o fenômeno religioso é a própria psique (JUNG, 1991). Acreditamos que a fonte está muito além do que entendemos por espiritual e psicológico.

Finalizando, acreditamos – e esta é uma expressão da nossa crença religiosa na vida – que o fenômeno humano é vasto e não cabe somente nos parâmetros da ciência tradicional. Seria possível imaginar um mundo repleto de seres racionais, deterministas e probabilísticos sem música, filosofia ou religiosidade?

Procurar compreender a pessoa como um ser plural e único e, humildemente, atuar dentro dos limites dos nossos conhecimentos, não temendo nos confrontar com o sentimento de maravilhoso frente ao mistério da vida, trará dignidade e profundidade ao nosso trabalho e, quem sabe, poderemos ficar um pouco mais próximos da sabedoria.

No contexto da formação e dos estudos em psicologia e especialmente em psicologia analítica, a questão da religiosidade e da experiência religiosa é um aspecto fundamental para a compreensão da psique profunda. Para conceber os processos profundos, desde os primórdios da psicologia analítica, se lançaram mão dos estudos da mitologia greco-romana, seus deuses, cosmogonias e heróis.

Focando no Brasil, em especial, temos a presença de religiões e cultos politeístas ou monolatristas em que os deuses estão vivos. Há um panteão de deuses e deusas ativos e vivos na dinâmica dos grupos religiosos, com histórias e cosmogonias no melhor estilo da religião greco-romana da antiguidade. No entanto, talvez este seja o principal problema. Parece-nos mais seguro ler sobre uma divindade como Hermes, pensar em sua função psíquica ou discuti-lo como condutor de almas do que participar, em um terreiro de umbanda, de uma gira de Exu. Ver o deus se manifestando em relação direta com os participantes, dançando, falando, cantando ou gargalhando. É mais seguro manter a distância intelectual.

Os pesquisadores europeus deram sua contribuição compreendendo os mitos greco-romanos antigos à luz de suas funções na psique individual e coletiva; não seria o caso de os demais pesquisadores de outras realidades culturais e sociais buscarem igualmente compreender os mitos de seus povos? Neste sentido, o estudo de psicologia profunda fundamentada exclusivamente em mitos clássicos em nada contribui para a compreensão da vivência psicológica nos diversos povos, ao contrário, tende a direcionar a psicologia exclusivamente para a cultura europeia. O próprio Jung buscou, sempre que possível, viajar e conhecer outros povos na África e na América, o que lhe foi de muito aprendizado nos primórdios de sua obra que, de início focada na civilização europeia, passou a ser mais abrangente (JUNG, 1975).

Este ensaio visa contribuir com estudos sobre a mitologia de matriz africana, mais especificamente, o candomblé e a umbanda, tentando um diálogo psicológico com uma das figuras mais controvertidas deste panteão, o Compadre Exu. Figura fundamental na cosmogonia e na ritualística de matriz africana, atua de forma tão plástica e abrangente que pode ser identificado como um deus por uns e até como um demônio por outros.

Para se compreender um pouco melhor Exu, necessitamos passar pela história do período de escravidão, pelo sincretismo e relações dos cultos africanos com o catolicismo popular e as práticas indígenas. Após estas viagens históricas, entraremos na análise do Compadre desde seus princípios nos candomblés de origem até suas transformações na umbanda e seu expurgo nas religiões neopentecostais.

Para melhor conceber o compadre é necessário passar por muitos caminhos, parar, meditar e pedir licença nas encruzilhadas e, principalmente, decidir quais caminhos seguir, na companhia deste guardião, meu Compadre. Laroyê!

1

APRESENTANDO
O MEU COMPADRE

Exu é uma das figuras mais controvertidas no panteão das religiões afro descendentes. Seu âmbito de ação se estende desde a cosmogonia até atividades muito prosaicas e cotidianas na vida dos devotos. Representa o princípio dinâmico em todas as coisas e a comunicação em todos os níveis. Sem ele nada se pode fazer, pois é responsável pela comunicação entre o mundo humano e o divino, levando e trazendo pedidos e oferendas, traduzindo os oráculos de *Ifá* e expressando a vontade dos deuses nos jogos divinatórios (CACCIATORE, 1977).

Sendo mais um princípio que uma figura pessoal, Exu é o Orixá que participa da criação e é considerado um Orixá entre outros, mas também é um serviçal, pois segundo muitas tradições, cada Orixá tem um Exu que o serve. Outro aspecto de Exu é sua individualidade, uma vez que cada pessoa tem seu Exu pessoal. Além disto, há o Exu guardião de um local ou de um caminho. Diferente dos demais Orixás, o campo de atuação de Exu é ilimitado, ele é um só, mas com múltiplas facetas dependendo da função exercida (MARTINS, 2005). Várias tradições deram a ele nomes diferentes, como *Elegbara, Bará, Pombonguera* e *Aluvaiá* (CACCIATORE, 1977).

Apresenta-se como divindade nos ritos do candomblé e pode representar forças demoníacas quando retratado na umbanda, culto de tradição banto e forte influência católica.

Como podemos ver, já nesta breve introdução, Exu é uma divindade múltipla e contraditória, tanto que o termo exu em yorubá quer dizer esfera, elemento que realiza o círculo na terceira dimensão, criando o espaço em profundidade (CACCIATORE, 1977).

Verger (1990) comenta que Exu é contraditório, promotor de disputas e catástrofes, e pode, no entanto, ser prestativo e protetor, dependendo de como é tratado. O autor atribui a ele, por causa desta característica de barganha, uma proximidade com características humanas. No entanto, nos parece que esta característica aponta para uma dinâmica além dos limites do ego, pois a própria psique atua desta maneira, quando se consideram os processos de busca de equilíbrio entre opostos, compensação e formação de sintomas.

Exu é conhecido como o supervisor das atividades do mercado, além de guardar templos, casa e ser o intermediário entre os deuses e as pessoas. Percebe-se que ele transita entre os limites dos mundos, rua e casa, fora e dentro, imanente e transcendente, pessoas e deuses. Por extensão, as relações entre consciente e inconsciente e as várias instâncias da psique. As trocas que ocorrem no mercado são as intrincadas relações que se estabelecem entre os diversos dinamismos psíquicos, que podem, por analogia, ser considerados um grande mercado.

Originário da interação entre Obatalá e Oduduá, princípios masculino e feminino origem de todas as coisas, derivados de Olorum, o Deus Supremo, Exu (Èsu) esotericamente é "a personalização da energia que reúne os átomos, possibilitando a diferenciação da matéria a partir de uma essência única" (MARTINS, 2005, p.14).

Quando os ritos africanos vieram para o Brasil e Cuba, por influência do catolicismo, Exu foi associado ao Diabo cristão, mas inspira menos medo que este último, pois, se bem tratado, pode muito auxiliar o devoto. "Chamam-no, fa-

miliarmente, O Compadre ou o Homem das Encruzilhadas..."
(VERGER, 1990, p. 79).

Originalmente Exu é conhecido como um Orixá masculino, provido de um grande falo de madeira chamado de *opa -ogó*, representando a truculência e irreverência, bem como a fertilidade que é o resultado da comunicação e interação entre os princípios masculino e feminino, elemento que o aproxima do grego Príapo (MARTINS, 2005).

Em função de seu poder de atuação sobre a vida e a morte, o sucesso e o fracasso, de acordo com as ordens e Olodumaré, o Deus Supremo, Exu é muito temido e reverenciado antes de qualquer outro Orixá (MARTINS, 2005).

Na qualidade de *Trickster*, é moleque, brincalhão e zombeteiro, malicioso e arrogante; como protetor dos ladrões e arruaceiros, e senhor do mercado, apresenta um aspecto mercurial, sendo coerente somente com sua própria incoerência. É dito que ele mata um pássaro ontem com a pedra que atirou hoje, ou que compra azeite no mercado, leva para casa em uma peneira e nem uma gota sequer se perde. Exu corrompe os limites do tempo e do espaço, invertendo o estabelecido e trazendo o inusitado e absurdo. Possibilita o rompimento dos limites impostos sugerindo, por exemplo, que o sol brilhe à noite, e a lua durante o dia (TRINDADE e COELHO, 2006).

1.1 EXU COMO PRINCÍPIO

Tudo se inicia com Olórun ou Olorum (Oló – dono, Orum – firmamento), também associado a Olofim (Oló – dono, Ófin – lei) ou a Orunmilá (contração da expressão Òrum mon eniti yiòó lá – Somente os Céus sabem quem será salvo – o destino). Deus supremo dos yorubás e criador do universo, Olorum não possui culto nem altares. Sua representação é o firmamento, assim como os deuses da criação nas culturas antigas eram identificados com o firmamento estrelado e comentados no capítulo 1. É uma divindade de origem, distante das atividades humanas e indiferente à vida cotidiana. Enviou seu filho Obatalá ou Oxalá para criar o mundo e as pessoas a partir do barro (CACCIATORE, 1977).

Reza um mito da criação que Olofin reuniu os sábios do *Orum* para que o auxiliassem na criação da vida sobre a terra. Esta reunião não obteve sucesso, pois cada um dos participantes tinha uma ideia diferente e sempre encontrava um inconveniente na ideia do outro. Quando os sábios e o próprio Olofin estavam a ponto de desistir desta tarefa, Exu surgiu com uma solução. Seria necessário sacrificar cento e um pombos como *ebó* (oferenda) para purificar as diversas anormalidades que impediam o sucesso da empreitada. Ao ouvi-lo, Olofim ficou perturbado, pois a vida dos pombos está intimamente ligada à sua própria existência. Mesmo assim consentiu, pelo bem de seus filhos, e pela primeira vez se sacrificaram pombos. Exu guiou Olofim em todos os lugares em que deveria verter o sangue dos pombos, e assim Exu participou da criação do mundo (PRANDI, 2001).

Este mito remete à ideia anteriormente exposta sobre a existência de uma Divindade Suprema, origem de todas as coisas, que é extremamente atuante no princípio da criação e posteriormente ausente na atuação cotidiana da vida humana.

> Todos estes deuses (Orixás) representam manifestações diferenciadas de um Deus Supremo, Olodumaré (Olofim), e se encontram divididos em duas hierarquias distintas. Os Orixás Funfun ou Orixás do Branco pertencentes à mais alta escala hierárquica, teriam participado da criação do universo conhecido e desconhecido [...] numa hierarquia imediatamente abaixo, encontram-se os Eboras, os mais conhecidos e cultuados pelos seres humanos em decorrência de sua maior proximidade [...] estão relacionadas aos elementos naturais [...] os mais conhecidos e cultuados como Ogum, Xangô, Oxóssi, Iemanjá, Iansã, etc (MARTINS, 2005, p.8).

CAPÍTULO 1 | APRESENTANDO O MEU COMPADRE

A criação do universo ocorre a partir de um ponto original e, em desdobramentos sucessivos, origina tudo o que existe em níveis de existência com fenomenologia própria para cada nível. Esta fenomenologia pressupõe sistemas e centros independentes entre si, mas constantemente interativos e interdependentes na atração ou repulsão. Podemos observar esta dinâmica desde a mitologia dos deuses com eventos de colaboração ou conflito, e até na natureza, igualmente conflituosa e cooperativa. Estas narrativas de criação em muito se aproximam às ideias gnósticas surgidas no início do Cristianismo (HINNELLS, 1989).

O mito relata que as possibilidades de criação eram tão grandes que o conselho de Orixás Funfun não conseguia chegar a um acordo. Neste momento Exu apresenta a solução a Olofim, imolar cento e um pombos. Isto significa sacrificar o próprio Olofim!

O número 101 é muito interessante, pois se utilizarmos a chamada redução esotérica, que compreende os números de 1 a 9 somente, teremos derivado do 101 o número 2, ou seja a divisão do uno em duo, que se dividirá até o 9 (CHEVALIER e GHEERBRANT, 1990).

Por outro lado, o numeral um não se converte em dois simplesmente, mas sob a forma do 101. Ampliando este número como figura teremos o zero no centro – início e origem de tudo, porém não existente na realidade, apenas potência infinita; o zero origina o um, primeira manifestação existente do infinito. A partir daí surge o duplo um, a manifestação existente em dois lados, direito e esquerdo – mundo conhecido e não conhecido, céu e terra, luz e sombra, consciente e inconsciente, par de opostos base da homeostase ou equilíbrio natural, psíquico e cósmico.

Voltando ao mito, somente foi possível a criação quando Olofim aceitou a divisão, como vimos acima, e o auto sacrifício, uma vez que há uma relação íntima entre os pombos e sua própria vida, pois na tradição o pombo branco é oferenda específica aos Orixás Funfun. Ou seja, a criação somente foi possível a partir dos desdobramentos do Deus Supremo, que traz à luz o cosmos a partir de Si Mesmo.

Prandi (2001, p.45) segue o relato do mito dizendo que "quando Olofim realizou tudo o que queria convocou Exu e disse: Muito me ajudaste e eu bendigo teus atos por toda a eternidade [...] serás louvado sempre antes do começo de qualquer empreitada".

Neste mito podemos vislumbrar uma das mais importantes funções de Exu, a de dar início ao dinamismo criativo em oposição à centralização e estabilidade. Para a criação, era necessário que se criasse um dinamismo contrário à estabilidade existente no mundo dos Orixás Funfuns, o que incluía o auto sacrifício do uno em múltiplo. Como foi dito acima, Exu rompe os limites do estabelecido, possibilitando que o Deus Supremo se expandisse em toda a Sua criação.

O termo Èsu (como dito anteriormente) significa, em yoruba, esfera e está intimamente ligado à criação do Universo. Esta mesma referência encontra-se no Timeu (c. 410 a.C.), mencionado por Roob (2006, p.35).

> O Universo ou a Grande Ordem Universal foi concebido, segundo Platão, pelo Deus criador como manifestação e imagem de sua própria perfeição: "(...) assim criou-o como um único ser vivo visível, que contém em si todas as criaturas afins (...)". Através da rotação deu-lhe a forma esférica (...), conferindo-lhe pois a figura que é, de entre todas, a mais perfeita".

Em outro mito da criação, Olodumaré, o deus supremo, vivia muito além de tudo o que é possível e um dia resolveu criar outro mundo em que os Orixás pudessem reinar e cada um tivesse o seu território de domínio. Para isso incumbiu Obatalá, ou Oxalá, de criar este outro mundo, pois Obatalá era filho de Olodumaré. Este deu a Obatalá o saco da criação e enviou-o para a criação do mundo visível. Antes de partir ele consultou Orunmilá, o destino, para saber qual caminho tomar e como proceder. Orunmilá disse que ele deveria fazer uma oferenda antes de partir, mas como ele era muito teimoso e arrogante, não se submeteu ao sugerido. Quando Obatalá chegou no limite entre o Orum (mundo espiritual) e o Aye (mundo material) encontrou-se com Exu, o guardião dos caminhos do Céu e da Terra. Neste local, ele deveria fazer a oferenda, mas passou direto sem as devidas reverências. Exu ficou indignado com esta quebra da Lei e provocou em Obatalá uma sede terrível. Sedento, Obatalá perfura um dendezeiro e se farta de vinho de palma até a embriaguez, caindo em pesado sono. Oduduá, irmão (ou irmã) de Obatalá encontra-o dormindo, rouba-lhe o saco da criação e volta para o Orum a fim de delatar a Olodumaré o ocorrido. Este fica muito contrariado e determina que Oduduá crie, então, o mundo. Quando acordou, Obatalá viu tudo o que ocorrera e foi reclamar para Olodumaré. Este, então, deu a Obatalá a incumbência de criar os seres, principalmente os humanos (VERGER, 1985 e ZACHARIAS, 1998).

Neste novo mito da criação podemos perceber que a atividade de Exu está presente para a manutenção das leis que regem o universo e que são determinadas por Olodumaré.

Exu é o viajante entre o Céu e a Terra, comunica a vontade dos humanos aos Orixás e a Orunmilá. Sendo um Orixá do fogo, está ligado à criação dos seres, à procriação e à fertilidade. "Enquanto os homens respiram pelas narinas, Exu respira por todos os poros. Está presente em todos os lugares ao mesmo tempo, assemelhando-se aos elétrons" (MAKINDÊ, 2006). Ele é o primogênito da criação e o mensageiro dos Orixás, quem abre e fecha os caminhos, portanto, senhor das encruzilhadas, portador da fortuna ou do infortúnio.

Como princípio criador, Exu também expressa a consumação de tudo o que foi criado. Duas lendas contam que Exu resolve devorar todas as coisas que existem, começando por alimentos, passando por animais e plantas, até sua própria mãe. Frente a esta ameaça, Orunmilá, seu pai, parte em seu encalço com uma espada e, a cada encontro com Exu, corta-lhe uma parte do corpo; esta perseguição se estende aos nove níveis do Orum (céu), portanto ele é cortado em 201 partes. Ao chegar no último nível eles fazem um acordo e Exu devolve tudo o que havia devorado, inclusive sua mãe, com a promessa de que sempre seria servido primeiro (MAKINDÊ, 2006 e PRANDI, 2001).

Como Exu auxiliou a criação cósmica, ele mesmo tenderá a aniquilá-la, como um buraco negro. Exu, o próprio dinamismo psíquico que permeia todas as instâncias psíquicas, participa da construção ou rompimento da consciência através de forças progressivas e regressivas. No mito, somente Orunmilá, princípio centralizador e dono de todos os destinos, é quem põe termo à fome insana de Exu. O movimento entre opostos de Exu de ampliar e contrair, deve ser estabilizado pela centralização necessária à estabilidade do universo criado. Como dito antes, Exu faz referência ao caos primordial antes da estabilidade frágil do universo possível. Se, em um primeiro momento, ele participa da criação promovendo sua expansão, em outro se torna quase como um buraco negro, absorvendo tudo o que foi criado. Se não houvesse a intervenção de divindades estabilizadoras e centralizadoras como Olorum, Orunmilá e Obatalá, não existiria a estabilidade necessária para o desenvolvimento da vida. Exu, o intenso, o dinâmico, participa tanto das forças progressivas quanto das regressivas da psique.

Exu não se submete ao estabelecido, pois representa todas as possibilidades e contradições. Como mencionado anteriormente, diz-se que ele mata um pássaro ontem com uma pedra que atirou hoje e que compra azeite no mercado e o transporta em uma peneira sem que uma gota sequer se perca. Exu subverte o tempo e o espaço, porque está além destes limites. Se Olorum é intenção criadora, Exu é ação ambígua e plena de todas as possibilidades, o caos. Para que o universo se mantenha é necessária a estabilização do que foi criado, a ação de Orunmilá e dos Orixás Funfun, os pais criadores do universo.

Por conta desta tendência de desestruturar e inverter o que existe, Exu deve ser alimentado sempre e antes de qualquer atividade. Uma vez aceita, reverenciada e reconhecida a tendência regressiva da psique, pode-se garantir que as forças progressivas atuarão sem o risco de fracasso ou instabilidade. Não podemos contar com a certeza de que as empreitadas chegarão a bom termo: se negligenciamos Exu as possibilidades do inusitado e do fracasso são maiores. Reconhecer que a psique tem seu próprio dinamismo, que pode ser fortemente destrutivo e regressivo e lhe dar a atenção necessária, poderá nos resguardar do desastre anunciado.

Segundo Martins (2005), Exu é o primeiro elemento a surgir a partir de Obatalá e Oduduá, princípios masculino e feminino derivados de Olorum, e seria a imagem simbólica da força gravitacional que une os átomos, possibilitando a diferenciação da matéria. É considerado o grande transformador, comunicador e intermediador entre as pessoas e as divindades, e entre estas e o Supremo.

Sua representação em estatuetas apresenta-o com um grande falo ereto, princípio ativo da sexualidade e criação de todos os seres criados; neste particular, aproxima-se de Príapo, como já mencionado acima, divindade greco-romana da fertilidade e dos campos. Originalmente, Exu é uma figura masculina, impetuoso e indecente quando se fizer necessário; além disto, todas as coisas e cada coisa possuem seu Exu pessoal, pois ele está em todos os lugares ao mesmo tempo. Exu se apresenta em mil formas, no entanto, é um só e, de todos os Orixás, é o que tem seu campo de ação em qualquer e todo lugar, agindo livremente (MARTINS, 2005).

Esta ideia de Exu está muito distante de sua identificação mais material, pois neste momento ele faz parte do conjunto dos deuses conselheiros de Olofin. Podemos conjecturar que no uno há o princípio do múltiplo, assim como no múltiplo há o princípio do uno. Em termos psicológicos, este princípio dinâmico complementar permite a fenomenologia múltipla ou una da vida, em face de necessidade pessoal ou cultural.

Apesar desta equivalência, parece ser igualmente verdade certa predominância do princípio da estabilidade sobre a mutabilidade. Podemos entender esta prevalência em função da necessária constância da criação, conferindo ao mundo o sentido de continuidade e permanência. Continuidade e concretude necessárias à estruturação e estabelecimento do Ego como realidade contínua e unilateral da experiência consciente. Uma lenda mostra como, apesar da intensa e necessária participação de Exu na criação, ele deve submissão a Obatalá.

Conta-se que certa vez houve uma grande discussão entre Exu e Obatalá a respeito de qual dos dois seria o mais antigo, portanto, o mais importante. Como a contenda se prolongasse, decidiram organizar um confronto para decidir a questão. Obatalá atacou Exu, deixando-o como anão e depois aumentando o tamanho de sua cabeça. Exu aprumou-se, sacudiu-se e sempre voltava ao normal. Então Exu pegou sua cabacinha e dela soprou um pó branco sobre Obatalá, que imediatamente perdeu a cor. Este se sacudiu e esfregou-se, mas não conseguiu readquirir sua cor. Todos riam e comemoravam Exu, quando Obatalá tocou os próprios lábios com seu Axé e ordenou a Exu que lhe entregasse sua cabacinha de feitiços. Exu não pode resistir à ordem de Obatalá e lhe entregou a cabacinha. Obatalá tomou-a das mãos de Exu e a meteu em seu saco da criação. A disputa estava encerrada, Obatalá é rei! Demonstrada sua supremacia não pela força ou pela magia, mas pela autoridade de sua palavra! (VERGER, 1987 e PRANDI, 2001).

Esta lenda sugere que, na estruturação da consciência, a função determinante do centro organizador da psique é de estabilização dos processos psíquicos, diferentemente da atuação transitória e mutante da psique como um todo. Quando Olofim cria o Universo, necessita da atuação diversificadora e mutável representada por Exu para que as múltiplas possibilidades da criação sejam manifestas. Quando Obatalá/Oduduá cria o mundo humano e as pessoas, necessita da estabilidade para que se estabeleça a continuidade da existência, a permanência dos motivos e a unilateralidade na manifestação dos fenômenos. Assim pensando, entendo que a atuação deste centro da personalidade é pluralista em relação à totalidade da psique e centralizadora em função da estruturação do Ego. Sua manifestação é dialética sendo plural e uma ao mesmo tempo. Simplificando, todos nós percebemos em nós muitas vozes, ideias, sentimentos e impulsos; mas apesar de todas estas manifestações sentimos que somos uma única pessoa, um eu. Há em cada um de nós uma pluralidade e, ao mesmo tempo, somos uma unidade.

1.2 EXU COMO RELAÇÃO

As características de Exu fornecem subsídios para que se pense em um estilo de comportamento próprio deste Orixá. Impulsivo e de fácil comunicação, sabe envolver com as palavras sendo irreverente e satírico. Prefere a convivência das ruas e bares, na companhia estimulante de boêmios e malandros. Apresenta caráter dúbio e intelectualizado, criando intrigas e sofismas enigmáticos. Pode ficar em ambos os lados de uma questão, segundo as tradições do candomblé, por simples diversão; e gosta de debates e discussões, tendendo a inverter a lógica de maneira criativa e zombeteira. Estas características tendem a classificar Exu como extrovertido, bem como criativo e intuitivo, pois suas traquinagens e criatividade não conhecem limites (ZACHARIAS, 1998).

A lenda mais conhecida conta que dois amigos sempre trabalhavam juntos e há muito tempo a estima entre eles era grande. Antes de se dirigirem ao trabalho, era comum saudarem Exu para que todo o trabalho corresse de forma correta. Certa vez, eles estavam tão preocupados com suas próprias atividades que se esqueceram de saudar o Orixá dos caminhos. Exu decidiu vingar-se! Vestiu um gorro de duas cores, de um lado preto e de outro vermelho e passou por um caminho que ficava entre o campo dos dois amigos, saudando cada um efusivamente. Quando os amigos se encontraram mais tarde comentaram sobre o estranho que passou pelo campo deles. Um dos amigos afirmou que o homem usava um gorro preto, ao que o outro retrucou: Não! Era vermelho! Estava implantada a discórdia entre eles. A discussão levou os amigos a se engalfinharem em uma briga séria. Enquanto isto, Exu ria a valer!

Exu transita sempre pelos limites da realidade e do absurdo. Mantém a homeostase e a dinâmica psíquica em funcionamento, opondo-se a qualquer evento que comprometa esta dinâmica. Na narrativa acima, Exu mostra, de maneira prática, a necessidade de se conhecer ambos os lados de qualquer coisa. A unilateralidade, própria da consciência, deve ser relativizada com os conteúdos do inconsciente, para que se obtenha a integridade psíquica. Tudo tem dois lados, geralmente opostos e complementares.

É comum ocorrer que pessoas muito comprometidas com sua vida consciente sejam surpreendidas por eventos que desestruturam seu frágil equilíbrio emocional. Nestas ocasiões sempre estará presente Exu para restabelecer a integridade psíquica e, enquanto o indivíduo tenta lidar com neuroses, pânicos ou sumarizações, Exu se diverte!

Esta história pode ser ilustrativa se pensarmos no embate entre personalidades opostas que, radicalmente, tentam impor sua maneira de ver a realidade ao outro, sem conhecer ou considerar a variação de tipos humanos existentes. Certamente a mesma discussão se produzirá e, nesta situação, também Exu dará boa gargalhada (ZACHARIAS, 2006).

Outra lenda conta que, após oito gerações de opulência na cidade-estado de Oyó, o rei deixou de frequentar o mercado, sinal claro de que ele estava doente. A enfermidade do rei não melhorou nem piorou e por isto o reino foi definhando aos poucos, a exemplo de várias outras lendas que vinculam a saúde coletiva do reino à saúde do rei. As lavouras não produziam e as mulheres não pariam, houve seca e fome naquele lugar. Os sábios de várias cidades foram convocados para resolver o problema, porém sem sucesso. Quando tudo parecia

CAPÍTULO 1 | APRESENTANDO O MEU COMPADRE

perdido chegou a Oyó um andarilho de sorriso debochado, trazendo um bornal, uma pequena faca encurvada, fumava cachimbo e tinha um gorro preto e vermelho.

Ao chegar ao mercado os anciãos lhe perguntaram quem era e para onde ia. Ele respondeu: "Não sei se hei ido ou se fui havido; mas irei ser e serei ido!" Como a recepção não foi agradável, Exu disse que esta não era a forma de Oyó, a soberba, a orgulhosa, receber os estrangeiros. Quando informado sobre a doença do rei, Exu dá uma gargalhada e diz:

> Eu sou andarilho antigo. Venho de andar muitas léguas. A terra é do meu tamanho. O mundo é da minha idade. Não há números para contar as proezas que fiz no tempo em que tenho andado. Colhi mel de gafanhoto, mamei leite de donzela; esquentei sem ter fogueira; já fiz parto de mulher velha; emprenhei recém-nascida; trago a cura das moléstias e as perguntas respondidas... (MUSSA, s/d, p.49).

Esta fala de Exu já demonstra que ele representa a inversão da lógica cartesiana, a contravenção do estabelecido, se assim for necessário para estabelecer a Lei e o equilíbrio.

Exu diz aos anciãos que tudo tem um preço, ao que estes respondem que Oyó, a soberba e justa, saberá recompensar o estrangeiro. Qual seria o preço de Exu? O que tenha a maior grandeza e caiba na menor medida. Em três dias o rei recuperou a saúde e no terceiro dia dirigiu-se ao mercado e mandou chamar o andarilho que o havia resgatado das garras da morte. O rei ofereceu primeiramente cem partes de marfim, depois mais trinta facas de ferro, mais dez partidas de contas de vidro, mais cinquenta escravos e, a toda oferta, Exu dizia que era pouco e não cabia em seu bornal. Mesmo quando o rei ofereceu todo o reino, Exu respondeu da mesma maneira, e acrescentou: "não pode viver quem deve a vida, eu quero a cabeça do rei!" O rei ficou indignado, como pode alguém que veio curar exigir como pagamento a morte após salvar o doente? É muita infâmia, uma ingratidão! Exu respondeu não é nada disto, é somente o preço. Caminhou em direção ao rei, decepou-lhe a cabeça, meteu-a no bornal e antes de sumir na estrada deu uma gargalhada dizendo: *"Ko si oba kan, ofi Olorum!"* Não há rei senão Deus. E ele tem razão.

Nesta narrativa, Exu interfere favoravelmente para restabelecer a saúde. No entanto, diferentemente de outras lendas em que o rei está doente e precisa ser curado para a felicidade do reino, como o rei pescador, Oyó e seu rei se mostram como uma cidade soberba. Para além da fragilidade do poder central, a doença estava associada à arrogância e prepotência da cidade e do rei; portanto, a cidade havia entrado em um processo de inflação do eu, o que os gregos chamavam de *hybris*. Este processo se dá quando a arrogância e prepotência tomam conta de uma pessoa e ela se sente muito mais importante e poderosa do que realmente é. Estese constituía o verdadeiro estado doentio do rei e da cidade. Exu corta a cabeça do rei, ou seja, obriga-o a se humilhar frente ao poder dos deuses. Agora o reino poderia ser reconstruído sob uma nova visão mais adequada, sem os perigos da inflação, o reino que estava doente pôde ser restaurado. Esta sanidade implica em reconhecer que o rei não é maior que *Olorum*, o deus supremo.

Em outro momento, Exu encontrou um homem que tinha muitos discípulos, portanto, deveria ser um mestre, e que havia adoecido. Tendo ele feito o *ebó* (oferenda) como prescrito pelo adivinho, mesmo assim não se curou e todos o abandonaram. Exu, porém, recebeu o *ebó* e carregou o homem até Orunmilá, que não o desprezou neste momento terrível e o curou (PRANDI, 2001). Aqui vemos a ação benéfica de Exu que promoveu a cura do homem, que havia sido abandonado até por seus discípulos. A diferença das narrativas indica que este homem, embora um possível mestre, não se tornou prepotente e arrogante, seguindo humildemente todas as indicações que o adivinho lhe fez. Não se supervalorizou, mas deu de si mesmo no simbolismo da oferenda e Exu foi o único a ampará-lo. Exu não abandona os humildes!

CAPÍTULO 1 | APRESENTANDO O MEU COMPADRE   31

Outra história demonstra esta atividade de "ajustar a medida das coisas", que Exu executa. Conta-se que uma comerciante muito próspera e respeitada chamada Abionã vendia roupas no mercado. Era mulher orgulhosa e altiva, apoiada em suas riquezas, mas, no entanto, deixou Exu de lado e não mais ofertava dádivas ao Orixá. Certo dia, quando estava no mercado, avisaram-na que sua casa estava em chamas. Ao chegar a sua casa nada mais restava. Voltando ao mercado, não encontrou suas mercadorias, que haviam sido furtadas. Assim ela foi ridicularizada por todos e ficou pobre. Exu havia restabelecido a justa medida humana.

Esta história nos remete a uma parábola que consta no Evangelho, cuja conclusão é: de que adianta ao homem ganhar o mundo e perder sua alma? A visão estreita e egoísta pode conduzir a grandes realizações pessoais, geralmente orgulhosas e à custa da repressão de elementos da natureza humana, que estão em todos nós. Desta forma, os conteúdos do inconsciente são negligenciados e, por isto mesmo, retornam de maneira destrutiva a ponto de por em risco tudo o que foi construído pela consciência. Isto é comum em profissionais bem sucedidos que de uma hora para outra perdem seu *status*, as relações familiares ou até a saúde orgânica (JUNG, 1987a).

Para tudo o que Exu dá, quer algo em troca. Certa vez um artesão muito bom estava sem trabalho. Então, teve um sonho no qual um negrinho com um gorro vermelho lhe pedia uma oferenda e o ameaçava de cortar-lhe o nariz caso não fizesse a oferenda. Ao acordar, o artesão não fez caso do sonho, reputando-o como bobagem. No mesmo dia surgiu um grande serviço e, depois, vários outros, mas o artesão não se preocupava em fazer a oferenda pedida. Certo dia, quando o artesão alisava tábuas com um exó, apareceu o negrinho do sonho e disse para ele ter cuidado para não perder o nariz. O artesão quis fazer troça do menino e fingiu se cortar, mas, por acidente, cortou mesmo o nariz. Exu pegou-o antes de cair ao chão e disse que o levaria em troca das oferendas que não foram feitas (PRANDI, 2001).

Todo o tempo e atividade que uma pessoa despende em conhecer e integrar os conteúdos do seu próprio inconsciente será recompensado com o acréscimo de energia e criatividade que do inconsciente podem emergir, fertilizando a vida pessoal e ampliando seus horizontes. No mundo dos deuses e da natureza, a manutenção do equilíbrio exige uma relação de trocas, que evidenciam o diálogo respeitoso entre tantos aspectos que compõem cada pessoa. O acesso a toda divindade requer uma oferenda por parte da pessoa, com humildade e boa intenção.

Às vezes os caminhos do inconsciente são sinuosos. Conta-se que Orunmilá foi até a cidade de Ouô e, no caminho, encontrou Exu três vezes, indo e vindo do Ouô. Orunmilá achou estranho, mas Exu disse que os amigos não devem duvidar um do outro, o que é, é. Mas Exu estava preparando uma cilada. Ele deixou na beira da estrada muitos obis (caracóis) e, quando Orunmilá passou por eles, os pegou e principiou a comê-los. O dono dos caracóis encontrou Orunmilá comendo e acusou-o de tê-los roubado. Eles lutaram e o dono dos bichos feriu a palma da mão de Orunmilá. Chegou o outro dia, ele estava muito triste e receoso de entrar em Ouô, mas Exu o incentivou e disse que falaria por ele e o defenderia se fosse necessário. Logo que Orunmilá entrou na cidade foi preso e levado à presença do rei e do dono dos caracóis roubados. Este acusou Orunmilá e como prova haveria um corte na palma da mão do ladrão, esta seria a prova. Mas, durante aquela noite, Exu entrou na cidade e cortou a palma da mão de todos, inclusive do dono dos caracóis e do rei. Vendo os cortes nas mãos de todos, inclusive na própria mão, o rei inocentou Orunmilá e ordenou que ele fosse indenizado pela injúria. Orunmilá ganhou muitos presentes de todos da cidade (PRANDI, 2001).

Muitas vezes o movimento autônomo do inconsciente pode levar a sintomas ou situações negativas ou conflituosas, mas, seguindo o seu curso, o ganho posterior à crise pode ser muito compensador, ampliando as possibilidades e ganhos da consciência. Mas para que isto ocorra é necessário ser amigo

CAPÍTULO 1 | APRESENTANDO O MEU COMPADRE

de Exu, como Orunmilá, não desprezando sua atuação que, muitas vezes, ocorre por descaminhos.

Certa vez, por uma confusão de nomes e endereços, fui convidado para participar da avaliação de um trabalho acadêmico. O tema era "umbanda" e, após ler e fazer apontamentos no trabalho, me dirigi para a universidade. Quando cheguei à sala de arguição, os convidados estavam todos na mesa e ficou clara a confusão que Exu criou. Na verdade, eu não havia sido convidado, foi uma confusão de nomes e endereços que a secretaria da universidade fez. Apesar disto fiquei e fui convidado a participar da arguição. Ocorreu que o professor convidado pouco conhecia sobre o tema e a minha contribuição ao trabalho foi fundamental. Se não houvesse o engano no convite e o mal estar inicial jamais poderia contribuir com aquele trabalho e com seus pesquisadores. Exu aprontou uma de suas confusões, para o melhor ganho de todos.

Certamente Exu tem alguma afinidade com a terrível personagem Discórdia da cultura helênica. Sabe-se que ela não foi convidada para as bodas de Peleu e Tétis e, como vingança, lançou o pomo de ouro destinado à mais bela da festa. Isto criou uma disputa entre Hera, Afrodite e Atena. O conflito foi tamanho que Zeus interveio e enviou Hermes para que conduzisse as deusas à Frigia, onde o pastor Paris deveria julgar a questão. Hera tentou seduzi-lo oferecendo o reino da Ásia, Atena ofereceu-lhe sabedoria e glória e Afrodite ofereceu-lhe o amor da mulher mais bela do mundo. Paris concedeu o prêmio a Afrodite, preferiu o amor (SPALDING, 1965).

Certa vez Yemanjá, Oxum e Oyá foram ao mercado, juntas e harmoniosas. Exu achou que deveria lançar discórdia entre elas e deixou um bode que ele pretendia vender aos cuidados delas. Disse que o valor do animal era 20 búzios e que elas poderiam ficar com a metade da venda. Quando conseguiram vender o bode surgiu a questão. Como dividir igualmente dez búzios entre três? Yemanjá disse que, sendo a mais velha das três amigas, deveria ficar com a maior parte. As outras discordaram. Oxum disse que deveria ficar com a mais nova. As demais não aceitaram. Oyá disse que a maior parte deveria ficar com a do meio. As duas restantes rejeitaram. Por fim chamaram três homens que andavam pelo mercado e cada um apontou as mesmas soluções de antes. Então, Exu retornou e tomando os búzios deu três para cada uma elas. E o que sobrou? Exu cavou o chão e enterrou-o dizendo que este era para os antepassados, conforme o que ocorria no Orum. Quando qualquer coisa vem a alguém, este deve dar uma parte aos antepassados (PRANDI, 2001).

Exu testa a ganância das amigas, pois cada uma pensando somente em si destruiu a harmonia que havia entre elas. O interesse próprio sempre será incompatível com a fraternidade, pois são excludentes. Por outro lado, a parte dada aos antepassados é a atenção e o reconhecimento dado aos que viveram antes de nós e constituem a nossa raiz histórica. Este remeter-se aos antepassados nos conecta ao coletivo, seja familiar, tribal ou universal, conferindo uma clara percepção da sucessão histórica da própria vida, resgatando experiências e contextos para além do pessoal. E mais ainda, todos devemos uma oferta de gratidão aos ancestrais pois, sem eles, não seria possível a nossa vida. Tudo o que podemos fazer hoje, nossos antepassados nos deram condições para tal e, portanto, somos devedores da história.

Por outro lado, todas as amigas desta história são representantes do arquétipo materno. Oxum, a mais nova, é a mãe jovem que cuida dos bebês até que cheguem à adolescência. Oyá é a mãe que, não estando perto dos filhos e deixando que eles descubram o mundo por si mesmos, está sempre alerta para quando eles a chamarem. Acode imediatamente ao pedido do filho para socorrê-lo. Yemanjá, a mais velha, é a mãe formal, norteadora das regras sociais e da problemática da vida adulta, acompanha os filhos até a velhice. Todas estas mães aspiram à completude, ficar com quatro búzios, mas nenhuma será completa sem o último aspecto materno, Nanã Buruku, a mais velha de todas. A avó, a mãe que recebe todos os filhos no ventre da terra ao final da vida. Exu faz menção subentendida a ela dando o quarto búzio aos antepassados. Somente a ancestralidade fundamenta o arquétipo materno, tão antigo quanto o mundo.

> Deus dos desvalidos, protetor de ladrões, arruaceiro, saltimbanco e mágico por excelência, assim é Exu, que só é coerente com sua própria incoerência e cuja fúria se aplaca com facilidade, mas que não conhece o perdão nem a piedade. Simpático, moleque, zombeteiro, arrogante, malicioso mas, acima de tudo, dotado de um senso de justiça muitíssimo particular, este é Exu, o poderoso Exu (MARTINS, 2005, p.17).

1.3 ALGUMAS CARACTERÍSTICAS DE EXU

Exu, como aspecto da psique coletiva, apoia a estruturação da personalidade e, portanto, seu desenvolvimento, uma vez que é participante com Olofim da criação do cosmos. Um aspecto importante de estruturação consciente é a diferenciação das partes que, de outro modo, permaneceriam na inconsciência do todo. Exu, miticamente, atua como um vetor dinâmico do crescimento e desenvolvimento da personalidade, contribuindo para a diferenciação das partes do todo original. Em termos psicológicos, podemos dizer que atua no sentido da ampliação e amadurecimento da psique e da construção dos aspectos pessoais de cada indivíduo. Enquanto somos um bebê, ainda não conhecemos nossa individualidade, a percepção do eu e da própria identidade vai se construindo conforme amadurecemos e nos tornamos conscientes de nossa individualidade.

Certa vez, Exu caminhava pelo mundo buscando o que fazer. Estava entediado porque ninguém fazia nada de diferente, tudo permanecia igual. Chegando a noite, procurou uma casa para pernoitar. Logo encontrou uma na beira da estrada e lá bateu. Foi recebido por um macaco. Exu perguntou seu nome e o morador da casa disse: macaco! Exu perguntou sobre o nome dos outros da família, e todos se chamavam macaco. Exu foi embora, não ficaria em uma casa onde todos têm o mesmo nome, é muita falta de imaginação. Bateu em outra casa e nesta todos se chamavam elefante. Mais entediado e irritado, Exu foi embora. Encontrando outra casa foi recebido por um galo preto. Exu perguntou o nome da família e o galo respondeu que sua mulher se chamava galinha, os filhos mais velhos frangos e frangas e os mais novos pintinhos. Exu ficou maravilhado e pernoitou na casa do galo preto, adotando-o como seu animal favorito.

Não pode haver trocas, comunicação e criatividade onde não haja diferenciação. A psique deve diferenciar seus elementos para estruturar a consciência, as relações sociais devem ser diferenciadas e esclarecidas, pois, sem isto, não há movimento no universo.

Na maioria das vezes, Exu não atua diretamente nas situações, ele muito matreiramente cria situações em que os protagonistas entram em conflito para restabelecer a justiça.

Conta-se que havia um fazendeiro muito avarento que explorava e maltratava todos os seus empregados. Certo dia Exu chegou à fazenda e disse ao homem que era um absurdo ele sustentar todos aqueles empregados preguiçosos e imprestáveis e que ele, Exu, sozinho poderia trabalhar melhor que todos por menor preço. O fazendeiro, ganancioso e avarento, concordou e pagou a Exu a metade do preço acertado conforme fora pedido. Assim que o homem despediu todos os empregados, Exu sentou-se em uma árvore e ficou olhando a paisagem. O homem insistiu para que ele trabalhasse conforme prometido, Exu disse que ele deveria aguardar a inspiração para tal. O fazendeiro ficou tão enfurecido que mandou chamar o governador do lugar, que veio com mais quatro soldados. O governador estava muito aborrecido por deixar sua casa para resolver este problema; além do mais, sua maior preocupação era a busca do seu cavalo que havia sido roubado. Exu diz ao governador que sua mulher estava parindo e que, sem a sua presença, mãe e criança poderiam morrer. O governador ficou espantado, pois realmente havia deixado sua mulher com dores ao sair e disse que precisava de um cavalo para voltar rapidamente, pois a pé demoraria muito para chegar à casa. Exu sugere que ele pegue um cavalo emprestado no estábulo do fazendeiro. Quando os soldados trazem o animal, o governador percebeu que era o seu próprio cavalo roubado. Sucedera que o fazendeiro comprara alguns dias antes este cavalo de um desconhecido, pois o preço estava muito barato. Comprou o animal sem investigar qual a sua procedência. O governador mandou prender o fazendeiro, deu as terras para Exu e chegou em casa a tempo de salvar mãe e filho. Então, Exu chamou todos os trabalhadores e distribuiu as terras igualmente para todos eles (MARTINS, 2005).

Quando a energia psíquica fica presa em algum complexo ou trauma no inconsciente, ou mesmo nas resistências do eu em progredir, uma força do centro da personalidade ou, como diria Jung, a Imagem de Deus impressa na psique põe em movimento outros elementos da psique, e até mesmo eventos externos sincrônicos (que parecem coincidências), para que, no embate entre estes elementos, a homeostase se restaure e o sistema psíquico se estabilize. Podemos entender o centro da personalidade, chamado por Jung de Si Mesmo ou Imagem de Deus, em dois aspectos: um estrutural, estabilizador e centralizador; e outro, como um vetor dinâmico, funcional, desestabilizador e descentralizador. Como no mito narrado no Velho Testamento, em que *Javé* é questionado por *Satan* a respeito da estabilidade ingênua da fé de *Jó* (JUNG, 1980b). Ou, ainda, podemos evocar a ideia do *símia Dei*, o macaco de Deus, associado a elementos mercuriais e presente em contos de fadas como um herói negativo, um tanto estúpido ou palhaço (JUNG, 2000). Assim, podemos ver que Exu não atua diretamente, mas indiretamente, induz, seduz, conduz. Ele pode promover projeções e criar situações entre as pessoas em que conteúdos ocultos se revelem, muitas vezes, destituindo a consciência de seu controle da energia psíquica e mesmo revelando aspectos sombrios submissos à persona. Tudo isto para manter o equilíbrio dinâmico segundo a lei de Olorum, de Zâmbi ou, nos termos junguianos, a Imagem de Deus ou Si Mesmo.

O que foi dito é evidente na disputa entre o cais e o barco. Eles queriam saber qual era mais importante e decidiram que perguntariam a Exu para que ele resolvesse a questão. O Orixá disse que eles deveriam fazer uma oferenda e depois de alguns dias ele daria sua opinião. O cais fez sua oferenda, mas o barco deixou este pedido de lado. Quando soube disto, Exu procurou Olokum, o deus oceano, e disse que tal barco singrava os mares, alardeando a todos que era o Rei dos Mares, e até havia gravado este nome em seu lado. Olokum ficou furioso, pois somente havia um Rei dos Mares, ele mesmo, que foi coroado por Olorum. Então, Exu foi até Oyá – Iansã, a deusa dos ventos e tempestades, e disse que o barco se gabava de comandar os ventos e dominar as tempestades. Oyá retrucou que não admitiria tal afronta e lançou sobre o barco todos os seus ventos de tempestade, assim como Olokum jogou suas ondas terríveis sobre o barco. Este se estatelou na praia, enquanto o cais se manteve incólume. Exu havia confrontado a arrogância do barco e premiou a obediência do cais. Assim, deu seu veredicto, o mais importante é aquele que segue humildemente os ditames dos deuses (MARTINS, 2005).

A estratégia é a principal atividade de Exu; dificilmente ele interfere diretamente em uma situação, prefere arquitetar planos mirabolantes para atingir seus objetivos. Montando o cenário, basta esperar que as personagens interpretem seus papéis. Sua proximidade com Orunmilá, o senhor do destino, concede a Exu esta habilidade e nos possibilita perceber qual o desfecho de uma situação, quando estamos sintonizados com ele. O segredo está em compreender qual a trama que Exu está armando para restaurar o equilíbrio. Neste sentido, o Orixá fornece uma visão teleológica de um caso, principalmente quando o processo analítico se desenrola no sentido de um desfecho previsível.

Conta-se que havia um rei muito tirano que tinha o hábito de decapitar seus súditos por mero capricho. Eram tantos os crimes e injustiças que Olodumaré (Olorum) mandou Exu averiguar. Então, ele se disfarçou de alfaiate e foi se estabelecer no reino. Certo homem pediu para Exu lhe fazer um manto negro como a noite, e ele

CAPÍTULO 1 | APRESENTANDO O MEU COMPADRE 39

assim o fez. Certo dia Iku, a morte, passou pela alfaiataria e admirou muito o manto. Exu prometeu dar o manto a Iku e esta deveria retornar em sete dias, para buscar a pessoa que o estiver usando. Depois disto, o homem que havia encomendado o manto retornou e pegou o manto de Exu. O freguês gostou muito e quis agradecer a Exu, este disse que o homem deveria desfilar diante do palácio para que todos lá vissem o belo trabalho do excelente alfaiate. O filho do rei, um jovem tão perverso quanto o pai, viu o manto e quis tomá-lo para si. Como o rei não desagradava em nada seu mimado filho, mandou prender o homem, inventou qualquer desculpa e condenou-o à decapitação, tomando o manto para o príncipe. No dia da execução, todos estavam reunidos na praça, inclusive o príncipe com seu belo novo manto negro. Quando Iku chegou para levar o condenado, viu o manto prometido por Exu, tirou das mãos do carrasco o alfanje e golpeou o príncipe, tomando-lhe o manto. O povo achou que era uma revolução e, atirando-se sobre o rei, o matou. O pobre homem que estava para ser morto foi, então, liberto (MARTINS, 2005).

Nesta lenda novamente Exu restabelece a justiça, manipulando as personagens que estão envolvidas no contexto, atua indiretamente para o restabelecimento do equilíbrio. Como elemento de ação do Si Mesmo, portanto a serviço de Olorum, Exu não atacará diretamente o Eu inflado, mas criará uma convergência de fatores psíquicos que, no conjunto e atuando segundo sua própria natureza, desestruturarão o Ego super valorizado, causando a ruína e a construção de uma nova ordem psíquica. Exu pode manipular sintomas e gerar conflitos como bem entender, para que a Lei de Olorum se cumpra.

1.4 O COMPADRE E OUTROS PARENTES

Exu tem parentesco mítico com outros deuses em diversas culturas. É importante notar que os atributos míticos podem se reorganizar em torno de diferentes deuses, em várias combinações possíveis, dependendo de cada cultura.

Por exemplo, Iansã apresenta aspectos de Afrodite enquanto deusa envolvente e sensual, bem como aspectos de Atena enquanto deusa guerreira e estrategista. Oxum apresenta aspectos de Deméter enquanto deusa da maternidade infantil e de Afrodite como sedutora e vaidosa dona do ouro e das joias.

Hermes, deus mensageiro, era filho de Zeus e de Maia, a mais jovem das Plêiades. Como deus, tem no caduceu de ouro seu principal instrumento. Este bastão dourado é atribuído ao arauto do rei, semelhante ao instrumento portado por Exu, o *Opá Ogó*, porrete em forma fálica (PRANDI, 2001). No caduceu, encontram-se duas serpentes enroladas e opostas apontando para os dois princípios antagônicos da natureza, o diurno e o noturno, o maléfico e o benéfico. Podemos referenciar este aspecto à lenda anteriormente narrada em que Exu utiliza um chapéu vermelho e preto para causar a discórdia entre os amigos.

Hermes criou a lira e roubou parte do rebanho de ovelhas que era guardado por Apolo. Este acusou formalmente Hermes perante seu pai Zeus, mas Hermes negou veementemente o furto. Hermes, convencido por Zeus que percebeu sua mentira, foi obrigado a jurar dizer sempre a verdade, mas somente uma parte dela.

A Hermes ou Mercúrio estão associadas as atividades de astúcia, ardil e trapaça, é companheiro e amigo, protetor dos ladrões e dos comerciantes. Aprecia misturar-se ao povo e viver entre as pessoas, ao invés de permanecer no Olimpo. É representado com protetor dos viajantes e por isto tornou-se um deus protetor dos caminhos e estradas. Igualmente, Exu é considerado o dono do mercado, é o mais próximo dos Orixás e convive entre as pessoas participando da intimidade humana.

Mercúrio é o mensageiro dos deuses, pois possui passagem livre entre o Olimpo, a superfície e o Hades. Conhece todos os caminhos e as encruzilhadas, o *trívium*, e pode conduzir as almas para a luz e para as trevas com igual conhecimento e desenvoltura. Esperto e conhecedor das ciências ocultas, torna-se especial não pelo uso da força, mas da magia e esperteza. Inventou a escrita, a aritmética, a geometria, a

CAPÍTULO 1 | APRESENTANDO O MEU COMPADRE

previsão do tempo, o peso e a medida (AMASO, HENDGES e CASTRO JR., 2007 e SPALDING, 1965). Quando as ideias e cultura gregas chegaram ao Egito, Hermes foi associado a Toth, tornando-se Hermes Trismegisto (três vezes grande). Passou a ser adorado como o deus com cabeça de Íbis, sendo venerado como o deus da lua, o deus da sabedoria e o medidor do tempo. Como deus intelectual torna-se deus das matemáticas e arquiteto divino. É criador da magia, da astronomia, da agrimensura e da música, assim como Hermes, que criou a lira e a flauta de Pã. Toth foi o criador dos hieróglifos, a escrita sagrada do antigo Egito e, nesta representação, seu nome verdadeiro é Tehuti, que quer dizer: o que equilibra. Sua filiação é atribuída a Seth, irmão de Osíris ou a Rá-Áton.

Toth é famoso pelos grandes conhecimentos, atingindo o status de guardião dos arquivos divinos, emissário e escriba dos deuses. Compreendia os meandros da psique humana e, em função disto, participava da avaliação da alma dos mortos, sendo o guardião da balança utilizada para pesar-lhes o coração. O Livro dos Mortos o representa como advogado da humanidade por sua íntima relação com a alma humana. O tribunal de Osíris era constituído da presidência deste, do acompanhamento de Anúbis e Upuaut, relacionados à morte; Amuut, a deusa devoradora dos condenados e Toth, o justo aferidor da dignidade do morto (AMASO, HENDGES e CASTRO JR., 2007).

Um dos mais populares deuses venerado pelos hindus é Ganesha ou Ganesh, possuindo cerca de noventa manifestações por toda a Índia, conhecido também por Ganapathi. Reverenciado com o título de Shri ou Sri é o senhor dos obstáculos, dos inícios e sempre invocado por mercadores e negociantes. É considerado o mestre do intelecto e da sabedoria. É o primeiro filho de Shiva e Parvati e esposo de *Buddhi* (a psique) e *Siddhi* (a sabedoria). Foi gerado por Parvati sem a participação de Shiva, o deus da destruição e renovação. Ganesha surgiu da pele de Parvati na ausência de Shiva e, logo após o nascimento, sua mãe colocou-o de guardião na entrada de sua casa. Quando Shiva retornou para sua esposa foi barrado por Ganesh, que o impediu de entrar. Shiva decepou a cabeça de Ganesh, o que causou o desespero de Parvati. Para contornar a situação, Shiva pegou a cabeça da primeira criatura que vira – um elefante – e colocou-a no corpo ressuscitado do filho. Aqui podemos ver um dos atributos de Exu, o de guardião dos portais, porteiras e passagens entre níveis e mundos (AMASO, HENDGES e CASTRO JR., 2007).

A Ganesh é atribuída a habilidade de abrir caminhos, de ouvir as pessoas, grande inteligência e sabedoria, intelectualidade que discerne profundamente todos os opostos dos reinos interiores e exteriores, permanente e transitório. A simbologia de uma de suas presas quebradas se reporta ao fato de que Ganesh vai além das ilusões da dualidade aparente. Neste sentido, conduz a alma para a sabedoria representada pela ampliação da percepção para além dos opostos. Apresenta um tridente na testa, representativo de sua superioridade ao tempo – passado, presente e futuro; bem como seus quatro braços podem se referenciar aos quatro pontos cardeais, ou seja, ele está em todo o espaço e tempo, assim como Exu. A figura de um ratinho sob Ganesh, que é seu veículo, refere-se aos desejos e ao roubo, próprio do comportamento do rato; no entanto, na representação, ele se volta para Ganesh pedindo sua permissão para agir, submetendo a intelectualidade à sabedoria. É considerado a encarnação corporal do cosmos, cuja forma é Om e, igualmente, associado ao primeiro *chakra* chamado *muladhara*, associado à sobrevivência e procriação. É a divindade que deve ser reverenciada no início de rituais e cerimônias antes de qualquer empreendimento, da mesma maneira que Exu. Ganesh representa o equilíbrio entre os opostos em todos os níveis da manifestação divina (AMASO, HENDGES e CASTRO JR., 2007).

No norte da Europa, Odin, deus da batalha e dos guerreiros, foi associado pelos romanos a Mercúrio, na medida em que a ele se atribuía a habilidade de conduzir os mortos em

CAPÍTULO 1 | APRESENTANDO O MEU COMPADRE

batalhas, consultar os mortos, ocupava-se do comércio como mercador e negociador. Odin também era famoso pelas suas descobertas intelectuais e mágicas. A escrita rúnica foi criada por ele, a exemplo do hebraico; é ao mesmo tempo aprendizagem, comunicação e magia. Apreciava voar por toda a terra com seu cavalo de oito patas, animal tradicionalmente associado ao xamã, pois possibilita viajar entre o mundo dos deuses, dos humanos e o submundo. O aspecto de condutor de almas presente em Exu, Mercúrio/Hermes e Ganesh é associado a Odin nestes aspectos acima descritos, que se associam ao Odin senhor da guerra (DAVIDSON, 2004).

Por outro lado, Loki é a divindade mais presente em todas as histórias dos deuses nórdicos, origem das histórias mais divertidas e das tramas mais complexas. Figura ambivalente, nem bom nem mau, foi gradativamente associado ao diabo cristão quando esta religião se aproximou da cultura nórdica. Uma de suas principais características é a sociabilidade; companheiro de quase todos os habitantes de Asgard, teve participação especial na criação do mundo e do próprio Asgard. Apresenta-se como um deus mais manhoso e traquina do que malvado, causando inconvenientes e sofrimentos aos deuses, como quando mata uma lontra e faz com que a fúria da família da morta se vire contra os deuses. Em outras ocasiões favorece os deuses, como no caso em que ajuda Thor a recuperar seu martelo, travestindo-o de noiva. Loki tem poderes mágicos, um deles é a habilidade de mudar de forma.

Certa vez assumiu a forma de uma égua para atrair o cavalo dos gigantes, que construíam uma muralha. Nesta condição, pariu o cavalo de oito patas de Odin, ligando Loki aos aspectos mercuriais de Odin. Escritos do século IX associam Loki à serpente do mundo, ao lobo Fenris e à terrível Hela, guardiã do reino dos mortos, todos estes considerados monstros terríveis e filhos de Loki. No entanto, é possível que esta interpretação seja fortemente influenciada pela narrativa cristã que, como veremos mais tarde na umbanda, associou Loki ao diabo (DAVIDSON, 2004).

Jan de Vries (*apud* DAVIDSON, 2004) identifica, como a principal característica de Loki, o seu talento como ladrão, roubando e trapaceando com a maioria dos deuses de Asgard. Um bom exemplo da plasticidade dos atributos míticos de uma cultura para outra é a narrativa em que Loki acompanha Thor em uma viagem a Utgard. Há uma disputa de comilança entre Loki e Logi no palácio e Utgard. Loki comeu toda a carne que lhe foi apresentada, mas Logi devorou as carnes, os ossos e o cocho em que elas foram postas. Aqui se vê uma proximidade com a lenda já citada da voracidade de Exu que engoliu tudo à sua volta. Neste mesmo lugar, através do encantamento e da magia hipnótica, Loki abaixa a arrogância de Thor, forçando-o a confrontar-se com os limites de sua força através do disfarce mágico. Por exemplo, uma das provas de Thor era a de lutar com uma velha decrépita que finalmente o subjugou. Esta aparente velha era na verdade a velhice personificada, que tem o poder de deixar de joelhos o mais poderoso guerreiro. Em muitas das histórias de Exu já narradas, ele restabelece a medida das coisas, subjugando os poderosos e arrogantes.

> Loki, o ladrão, o enganador e o escandaloso de língua ferina, que insulta os deuses e deusas com suas revelações maliciosas em *Lokassena*, mas que, mesmo assim, parece ser aceito como um morador de Asgard e companheiro dos maiores deuses, é difícil de compreender (DAVIDSON, 2004, p.153).

A relação de Loki com os demais deuses é tão ilogicamente desconcertante quanto a de Exu com os demais Orixás, narrada em várias lendas. Em função destas características de Loki, ele foi aproximado à figura do Trickster, figura importante na mitologia e folclore de muitas tribos norte-americanas. O Trickster se mostra como ganancioso egoísta e traiçoeiro. Assume a forma animal e participa de situações cômicas ou nauseantes, mas, além disto, é considerado um herói popular que traz à humanidade a luz do sol e o fogo.

Pode aparecer como criador, como homem ou mulher e ter bebês; um xamã semicômico, um bobo da corte compromissado exclusivamente consigo (DAVISON, 2004). A figura do Trickster remonta à antiguidade e faz a inversão dos valores, apresenta-se como satírico, tolo ou debochado, desde ritos gregos, passando por práticas da Igreja medieval e desembocando na comédia satírica e irreverente e no carnaval. Ele é Deus, homem e animal, teriomórfico, divino e animal.

> O "trickster" é um ser originário "cósmico", de natureza *divino-animal*, por um lado, superior ao homem, graças à sua qualidade sobre-humana e, por outro, inferior a ele, devido à sua notável falta de instinto e desajeitamento. Estes defeitos caracterizam sua natureza *humana*, a qual se adapta às condições do ambiente mais dificilmente do que um animal. Em compensação, porém, se candidata a um desenvolvimento da consciência muito superior (JUNG, 2000, p.259).

Jung afirma que a pessoa culta deixa de lado a realidade do Trickster, lembrando-se dele somente quando as coisas dão erradas, não percebendo o movimento de sua própria sombra que esconde perigos, muitas vezes reais, para sua vida. "Não é de admirar que seja este o caso, uma vez que o reconhecimento mais elementar da sombra provoca ainda as maiores resistências no homem europeu contemporâneo" (JUNG, 2000, p.266). Aqui se prepara o caminho para que possamos compreender Exu em seu aspecto mais sombrio, desenvolvido pela umbanda, que, muitas vezes, será associado à magia negra e ao mal.

No aspecto de criador, o Trickster se mostra como uma paródia ao verdadeiro deus criador, o que nos lembra a participação de Exu na criação do cosmos e a ideia gnóstica do demiurgo. Desta forma, Loki pode ser compreendido como aspecto sombrio de Odin, principalmente por sua ligação com a terra e com o assustador mundo dos mortos, pois se apresenta como Utgard-Loki, o gigante poderoso que guarda o mundo dos mortos. Este gigante engana e humilha até Thor, somente Odin se sente à vontade neste mundo terrível. Assim como Orunmilá e Obatalá obtêm a submissão de Exu.

É interessante notar que não somente no Brasil, mas em qualquer situação em que há a aproximação de diferentes sistemas religiosos, ocorre também o fenômeno do sincretismo. Uma oração popular recolhida por um padre de Lincolnshire diz o seguinte:

> Três vezes bato com o Vaso Sagrado,
> Com este martelo, três vezes bato,
> Uma para Deus, uma para Wod,
> E uma para Lok (DAVIDSON, 2004, p.153).

Podemos ver nesta oração popular a presença de Thor, representado pelo martelo, de Wotan/Odin, de Loki e do Deus cristão.

Muitas são as possibilidades de se criar paralelos míticos entre Exu e os demais deuses presentes em diversas culturas. Principalmente divindades que estão associadas à função de mensageiros, de condutor dos mortos, de guardadores da sabedoria e transmutadores dos elementos; de aplicadores da justiça de forma indireta, de restabelecedores da justa medida, das trocas e do comércio; dos caminhos e das entradas, das porteiras e dos umbrais, deuses dos limites entre mundos, das artimanhas e dos embustes, da esperteza e da jocosidade (LURKER, 1993).

Principalmente o aspecto Trickster de Exu pode ser reelaborado no contexto da umbanda de maneira diferenciada, em virtude da própria construção desta religião, que é formada por uma forte influência cristã em sua essência e, neste sentido, Exu ganha novos e desconcertantes significados como veremos a seguir.

2
NOVOS CAMINHOS, NOVOS AMIGOS

Vamos entender um pouco a maneira como nosso Compadre foi se transformando, na interação com outras culturas e práticas religiosas, em terras brasileiras. Obviamente o campo de estudo é muito vasto, haja vista à existência de muitos candomblés, cultos de várias nações, sem falar em outros cultos como a Jurema, o Catimbó e a Umbanda. Nesta diversidade de representações do sagrado, prefiro focar a sequência deste estudo na vertente chamada umbanda e mesmo esta expressão religiosa de matriz africana deve ser compreendida mais adequadamente como umbandas, em função de sua diversidade de ritos. Podemos encontrar umbandas mais africanizadas, mais esotéricas, mais kardecistas, no entanto, todas estas correntes diferentes de rito são consideradas umbanda. Nesta religião, essencialmente brasileira, encontramos a convivência de vários princípios diferentes e de origens diversas.

2.1 A UMBANDA

Seu nome deriva do termo quimbundo (angolense) *kimbanda* que quer dizer o feiticeiro, o xamã, o curandeiro. O termo *mbanda*, acrescido do prefixo "u" – umbanda, significa a arte mágica da cura, orienta e adivinha, ou simplesmente – magia (CACCIATORE, 1977 e SANGIRARDI JR., 1988).

A construção do universo mítico-religioso umbandista inclui de uma maneira mais ou menos intensa elementos do candomblé de Angola, ou de caboclo, de práticas ameríndias, do catolicismo popular, de conceitos kardecistas e de inspiração esotérica.

Para que possamos compreender o surgimento da umbanda, talvez fosse interessante uma retomada do chamado movimento nacionalista, que brotou em finais do século XIX e firmou-se na segunda década do século XX.

Na arte musical, a ideia de utilizar temáticas nacionais teve início em meados do século XIX, quando Antônio Carlos Gomes compôs óperas como *Il Guarany* e *Lo Schiavo*, que, embora tenham libretos de inspiração nacional, exibiam estrutura musical evidentemente europeia. O primeiro a utilizar um tema popular em composição erudita foi Brasílio Itiberê da Cunha (1848-1913), em uma rapsódia intitulada *A Sertaneja*. Seguem-se vários compositores, como Leopoldo Miguez, Heitor Villa-Lobos, Francisco Mignone, Francisco Braga e, dentre eles, Alberto Nepomuceno (1864-1920) com sua célebre *Série Brasileira*, que inclui uma dança negra chamada *Batuque*.

Paralelamente ao desenvolvimento musical, temos a figura de Luciano Gallet (1893-1931), que pode ser considerado como o primeiro investigador científico do folclore nacional. Com o apoio de Mário de Andrade e Antônio de Sá Pereira, propôs ao Instituto Nacional de Música muitas reformas pedagógicas e a criação da cadeira de Folclore. Além disso, compôs peças como as suítes *Sobre Temas Negros Brasileiros*, *Nhô Chico* e *Turuna*, que alvoroçaram a Semana de Arte Moderna de 1922 (PAHLEN, 1991).

Neste panorama cultural de inspiração nacionalista, que se iniciou na segunda metade do século XIX, por um lado firmam-se as roças de candomblé em Salvador e Rio de Janeiro e, por outro, na segunda década do século XX surge o primeiro centro espírita de umbanda no Estado do Rio de Janeiro.

CAPÍTULO 2 | NOVOS CAMINHOS, NOVOS AMIGOS

Devido ao fato de a umbanda ser um fenômeno religioso brasileiro, diferente do candomblé, podemos levantar a hipótese de que a inspiração nacionalista, trazendo o resgate cultural de segmentos marginalizados da sociedade brasileira, como o índio, o negro escravo e o caboclo, tenha de certa forma contribuído para a constituição do pensamento umbandista.

Um aspecto bem diverso entre os candomblés e as umbandas é que as entidades manifestas nos candomblés são Orixás, ou seja, divindades da cultura africana, enquanto que nas umbandas as entidades são espíritos de pessoas que já viveram na terra, como as entidades presentes no kardecismo.

Podemos arriscar a possibilidade de que nos candomblés seja maior a influência das figuras arquetípicas, os Orixás ou divindades africanas, enquanto nas umbandas é maior a influência de entidades mais humanizadas, como índios, velhos escravos, crianças, ciganos etc.

Embora já existissem candomblés de caboclo, a estrutura assumida pela umbanda apresenta uma configuração e reorganização muito distintas daqueles, acrescentando em sua cosmogonia elementos estranhos ao candomblé ortodoxo.

Em meados de 1907 surge na cidade de Niterói (RJ) a primeira tenda espírita de umbanda. Este fato deveu-se a uma dissidência em um centro espírita kardecista. Como era de prática comum nas comunidades kardecistas, que já haviam se espalhando pelo Brasil desde 1865, as entidades ou mentores espirituais sempre eram compostos por espíritos de brancos, europeus ou de cultura europeia, e de preferência letrados. Ainda hoje é comum vermos em centros kardecistas a presença deste tipo de mentores. Temos o exemplo de André Luiz, Bezerra de Menezes, Emmanuel, Dr. Fritz, Monet, freiras, médicos etc.

Outra característica das reuniões kardecistas é a simplificação e redução de atos litúrgicos ou ritualísticos. O espiritismo kardecista apresenta-se isento de rituais, objetos sagrados, procedimentos mágicos e de uma mitologia própria;

mas, por outro lado, apoia-se em um coeso código doutrinário, baseando suas práticas e o crescimento espiritual do fiel no estudo e na reflexão intelectual. Toda esta estrutura embasa um grande esforço do kardecismo para mostrar-se como prática de comprovação científica ou uma filosofia de vida e não uma religião!

Como já mencionamos, em 1907, um grupo de kardecistas de Niterói manifestou profunda insatisfação com esta postura europeia e elitista do kardecismo, e com a proibição da invocação de caboclos e pretos velhos. Este grupo passou a frequentar roças de candomblé, provavelmente de rito Angola, e ficaram maravilhados com a riqueza ritual e simbólica presentes nestes rituais, além da evidente contextualização na cultura popular brasileira.

Imbuídos deste novo referencial mágico-religioso e sob a inspiração do *médium* Zélio Fernandino de Moraes, o guia espiritual Caboclo das Sete Encruzilhadas anunciou o surgimento de um novo movimento religioso definido como "a manifestação do espírito para a caridade"; em 16 de novembro de 1908 surgia a Tenda Espírita Nossa Senhora da Piedade, o primeiro terreiro oficial de umbanda (WULHRST, 1989 e MIRANDA, 2008). Algumas evidências históricas indicam que o termo umbanda começa a ser utilizado para designar este culto somente entre 1936 e 1940 (CACCIATORE, 1977), pois, antes disto era proibido utilizar o termo umbanda, sendo substituído por Tenda Espírita, uma referência ao kardecismo que já estava estabelecido (MIRANDA, 2008).

Nesta tenda espírita originalmente não havia atabaque e os pontos cantados eram realizados *à capella*, como o ponto do caboclo das Sete Encruzilhadas e o Hino da Tenda de Nossa Senhora da Piedade, que já evidenciavam forte influência do catolicismo popular em seu contexto mítico ritualístico, como podemos ver a seguir.

Ponto do caboclo das Sete Encruzilhadas, 1908:
Chegou, chegou, chegou com Deus,

Chegou, chegou o caboclo das Sete Encruzilhadas
(MIRANDA, 2008).

É curioso notar a relação que (desde o princípio da umbanda) já foi estabelecida entre os caminhos e particularmente a encruzilhada com Exu, na qualidade de Hermes - o que abre e fecha os caminhos - e a figura do caboclo (como desbravador da floresta), que traz esta nova modalidade de expressão religiosa. O caboclo das Sete Encruzilhadas bem pode ser compreendido como uma entidade que assimila a figura do caboclo, o principal guia de umbanda, com a figura de Exu, senhor dos caminhos e uma entidade considerada guardiã e servidora dos guias considerados de luz, como os caboclos e os pretos-velhos. O nome desta figura indígena, fundadora da umbanda esclarece a própria formação do imaginário da nova religião, pois a umbanda se apresenta como uma encruzilhada onde se encontram as tradições católica, kardecista, pajelança indígena, candomblé e esoterismo. Este encontro de caminhos históricos produziu uma fermentação alquímica que não parou por aí. Sendo uma religião aberta às manifestações do Sagrado, continuamente se renova e agrega novas tradições como hinduísmo e islamismo nas linhas do oriente e até rituais do chá próprios do Santo Daime.

Hino da Tenda de Nossa Senhora da Piedade, 1915:
Ovelhas abnegadas do rebanho de Maria (bis),
Salve o Sete Encruzilhadas, salve a Estrela da Guia (bis).
Salvai, salvai doce nome de Maria (bis),
A Virgem da Piedade há de ser a nossa guia (bis)
(MIRANDA, 2008).

Aqui podemos ver a grande influência da devoção católica popular como elemento constituinte da mitologia umbandista em suas referências ritualísticas. A nova religião nasce no esteio de significativa simbologia como a figura da grande mãe, o número sete, a estrela, dentre outros.

Ponto dos Três Caboclos, 1911:
Eles são três caboclos, caboclos do djacutá,
Eles correm noite e dia pra seus filhos ajudar.
Sete Montanhas, Sete Lagoas com Seu Sete
Encruzilhadas,
Salvemos os três Sete, cada Sete um a um.
Sete Montanhas gira quando a noite vai chegar,
Seu irmão Sete Lagoas quando o dia clarear.
E gira e gira até alta madrugada,
Gira o caboclo das Sete Encruzilhadas

(MIRANDA, 2008).

Podemos observar a importância dada aos números, que são significativos em várias religiões e escolas iniciáticas, como a *kabbalah* judaica ou a alquimia. Aqui, a referência esotérica é acentuada pelos números três, referência aos três mundos conhecidos também na antiga Grécia. O mundo subterrâneo representado pela lagoa, o submundo preenchido de água, pelo sentimento e pelo feminino, talvez uma alusão simbólica a Nossa Senhora/Oxum. O mundo da superfície representado nos caminhos e seus encontros por todo o mundo, os caminhos de Exu, Ogum e Oxossi. O supra mundo representado pelo alto da montanha, uma imagem transposta do Olimpo ou do Sinai, como local da Lei referência a São Jerônimo/Xangô ou ao céu, uma alusão a Jesus Cristo/Oxalá.

Ainda podemos associar a imensa significação do número três à Santíssima Trindade Cristã e de outras tradições como a egípcia: Ísis, Osíris e Hórus, e a hindu: Brahma, Vishnu e Shiva, Parvati e Ganesha. Além disto, as diversas escolas iniciáticas apresentam graus de evolução nos mistérios que passam pela referência explícita ao três. Estas aproximações evidenciam a grande influência do conhecimento filosófico das escolas iniciáticas na construção do imaginário da umbanda, carregando-a de símbolos e representações de elementos do inconsciente coletivo. Nota-se que número sete apresenta igualmente alta significação simbólica, relacionando-se aos planetas conhecidos na astrologia antiga, os sete degraus da escada de Jacó, o candelabro judaico de sete braços, os sete espíritos de Deus narrados na Bíblia, os período no qual Deus criou o universo, dentre outras significações (ZACHARIAS, 1998).

> **Ponto do Preto-Velho Pai Antônio, 1908:**
> Com licença, Pai Antônio, eu não vim lhe visitar,
> Eu estou muito doente, vim aqui pra me curar.
> Se a doença for feitiço, curará em seu congá,
> Se a doença for de Deus, Pai Antônio vai curar.
> Coitado de Pai Antônio, preto-velho rezador,
> Foi parar na detenção, por não ter um defensor.
> Pai Antônio, na quimbanda, é curador,
> É Pai de mesa é rezador
>
> (MIRANDA, 2008).

Este ponto de preto-velho evidencia a presença dos benzedores e benzedeiras, figuras presentes na cultura brasileira provavelmente desde a colônia, quando muitas mulheres consideradas bruxas pela inquisição portuguesa foram deportadas para o Brasil, trazendo tradições e plantas mágicas, como a arruda (FAUSTO, 1995). O que é chamado *congá* é um altar em que ficam imagens de santos católicos, de índios, pretos-velhos, Orixás, velas, flores e outros objetos que variam em cada terreiro.

Em 1918, por ordem do caboclo das Sete Encruzilhadas, foram fundadas sete tendas espíritas: Nossa Senhora da Guia, Nossa Senhora da Conceição, Santa Bárbara, São Pedro, Oxalá, São Jorge e São Jerônimo.

Os centros ou tendas de umbanda espalharam-se rapidamente pelo sudeste e sul do país, a ponto de, em 1941, ter sido realizado o primeiro congresso de umbanda, no Rio de Janeiro.

O primeiro centro de umbanda fundado em São Paulo foi em 1930 e, em 1957, o Conselho dos Bispos Latino-americanos decretou como inimigos da Igreja (Católica) o Protestantismo pentecostal, o Comunismo, a Maçonaria e o Espiritismo (alto e baixo) (Prandi, 1991). Atualmente, a umbanda tem se expandido para os Estados Unidos, América Latina e Europa.

Podemos diferenciar os sistemas umbanda e kardecismo por dois pontos básicos. Quanto às "entidades comunicantes", no kardecismo temos entidades europeias, cultas e letradas; na umbanda, temos a presença de entidades tradicionais do Brasil, simples e populares como os caboclos, os pretos-velhos, as crianças, os ciganos, os boiadeiros, os baianos, os marinheiros e o povo da rua – os exus da umbanda. E quanto à estrutura de sustentação da religião, no kardecismo temos um sistema doutrinário intelectual e filosófico, ao passo que na umbanda predomina o conhecimento tradicional de um sistema mágico e ritualístico. O kardecismo baseia-se nas seis obras codificadas por Allan Kardec; em contrapartida, a umbanda baseia-se mais nas tradições ritualísticas advindas de várias fontes de tradição oral e iniciática (ZACHARIAS, 1998).

Aproveitando elementos do candomblé tradicional, a umbanda introduziu significativas mudanças na prática ritual. Desenvolveu vários pontos cantados em português para a louvação dos Orixás, fortemente sincretizados com santos católicos. Manteve o canto e a dança, bem como a utilização de instrumentos de percussão no ritual. Com a instrução do Caboclo das Sete Encruzilhadas, os atabaques foram introduzidos pela primeira vez na Tenda Espírita São Jorge em 1935 (MIRANDA, 2008).

Em sintonia com a magia e o simbolismo dos números, adaptou em sete linhas (Sete Linhas da umbanda) os Orixás do candomblé. Adotou o nome de *médium* para quem "recebe os guias". A aproximação com o catolicismo popular levou à construção de um altar dentro do terreiro, com santos católicos, chamado Congá ou Peji e a utilização do incenso na defumação ritual.

A importância dada à questão numerológica e o uso de pedras, cristais e velas coloridas evidenciam a influência de sistemas esotéricos e iniciáticos na composição da nova religião. Dos ritos ameríndios e da pajelança, a umbanda absorveu a prática do fumo (charutos e cachimbos) e a utilização de bebidas. Ainda do kardecismo incorporou a ideia do desenvolvimento do *médium* através do estudo de obras espíritas e exercícios mediúnicos, bem como a intenção declarada de "fazer caridade" como forma de purificação e elevação espiritual. Neste ponto, há uma diferença interessante entre as entidades da umbanda e do candomblé: os caboclos, pretos-velhos e demais entidades da umbanda, concedem uma "consulta" aos fiéis, dão conselhos, passes e remédios de ervas; já os Orixás manifestos no candomblé não se comunicam com os fiéis, a não ser através do jogo de búzios ou de Ifá (ZACHARIAS, 1998).

Igualmente ao candomblé, a umbanda possui muitas formas e práticas ritualísticas diferentes entre si. Podemos perceber um panorama mais ou menos amplo das várias manifestações deste culto se traçarmos uma linha imaginária entre o candomblé e o kardecismo. Há terreiros mais africanizados, que possuem mais elementos de candomblé (raspagem de cabeça como iniciação, despachos etc.) em seus rituais, do que elementos kardecistas. No outro extremo, encontramos terreiros que estão muito mais próximos das práticas espíritas, com leitura do *Evangelho Segundo o Espiritismo* e doutrinação, sem atabaques, danças, velas e bebidas, inclusão da "mesa branca" etc. Ainda podemos considerar outras três vertentes de igual importância e que criam variantes significativas para a *práxis* desta religião, a influência da pajelança, via candomblé de caboclo, a influência do esoterismo desenvolvendo uma umbanda Esotérica e do catolicismo popular (CACCIATORE, 1977).

Uma prática ritualística fortemente esotérica na umbanda é a presença de "pontos riscados". Estes "pontos" são desenhos feitos com giz (pemba) no chão e apresentam figuras como estrelas, corações, flechas, cruzes, espadas, ondas, lua, sol, dentre outros, que representam as ligações míticas da entidade que os desenha e dão indicações do seu estilo de atuação. Geralmente as flechas são associadas a entidades que atuam na linha de Oxossi, o caçador; as espadas são associadas a Ogum, o guerreiro; as ondas e a lua à Yemanjá; o coração a Oxum; as cruzes a Oxalá ou Obaluaê. É certo que estas associações podem sofrer alterações em cada casa. É interessante notar que são feitos muitas vezes por pessoas incultas, e que apresentam uma configuração semelhante aos pantáculos encontrados em livros de alta magia e cabalismo.

É importante diferenciar as entidades que incorporam seus filhos no candomblé e na umbanda. No candomblé, os iniciados incorporam os Orixás, *inquices* ou *voduns*, divindades míticas. Os ancestrais ou espíritos humanos dos mortos são chamados de *eguns*, são temidos e repelidos por representarem a própria morte personificada. No entanto, há o culto aos ancestrais, considerados mentores e conselheiros, chamados de *Babá Egun*, ou pai *egun* (BRAGA, 1995).

Na umbanda, em decorrência da similaridade com o kardecismo, os guias são espíritos humanos mortos que retornam aos terreiros para se aprimorar fazendo a caridade. Desta maneira, os guias de umbanda são considerados por muitos como *Babá Eguns*, na visão do candomblé; ou santas almas benditas no catolicismo popular; ou ainda como mentores no kardecismo (BIRMAN, 1985).

Neste contexto amplo de múltiplas influências, como é a própria cultura brasileira, Exu é inserido de modo significativo. Algumas vezes trazendo jocosidade e alegria e em outras, respeito temeroso. Sempre cuidado com atenção, pois pode ser a um tempo o guardião astral ou o infligidor de dores e mazelas na vida pessoal.

Não vamos analisar cada uma destas entidades, pois nosso foco é Exu, e vamos observar de modo mais acurado este personagem no contexto da umbanda.

CAPÍTULO 2 | NOVOS CAMINHOS, NOVOS AMIGOS

Não devemos confundi-lo com o Orixá Exu do candomblé ortodoxo, que adquire um significado totalmente diferente do Exu presente na umbanda.

Neste ponto, antes de compreendermos melhor esta entidade da umbanda, se faz necessária uma diferenciação entre os dois sistemas - umbanda e candomblé. Originalmente, os Orixás não são bons ou maus, a exemplo de várias divindades de outras religiões, como o Judaísmo antigo ou o Helenismo, não há uma divisão entre deuses bons ou maus. Assim como *Javé* poderia dispensar favores ou destruição, Zeus, Odin ou Xangô também o fazem. No entanto, devido à forte influência cristã presente na umbanda, a sua cosmogonia apresenta uma tendência a apresentar entidades de luz ou sem luz. Esta tendência divide os guias em guias de luz (caboclos, pretos-velhos, crianças, baianos, boiadeiros, marinheiros) e guias em estado de evolução ou sem luz (exus e pombas-giras).

Em virtude destas questões, Exu algumas vezes passou a ser associado ao diabo cristão. Suas imagens representam seres fantásticos de pele vermelha, chifres, rabo, pés de cabra, tridentes, capas pretas, esqueletos, e outras formas distorcidas do ser humano, fazendo referência a aspectos primitivos da evolução ou à morte; ou ainda de cartola, bengala e cavanhaque a exemplo do diabo teatral, uma espécie de Mefistófeles. Quando se apresenta, nos terreiros, os médiuns incorporados se utilizam de capas, tridentes, cartola ou bengala. Bebem cachaça e fumam; alguns podem apresentar deformidade física e quem diz tê-los visto através da vidência, identifica-os com seres meio humanos e meio animais, retorcidos, peludos ou monstruosos – um meio termo entre o primitivo animal e o humano (uma boa imagem do que estamos nos referindo é a figura clássica do lobisomem) (ZACHARIAS, 1998).

No entanto, os pontos cantados do início da umbanda apresentam Exu mais no sentido de uma alma em estado de purgatório, representante de alguém que em vida encarnada abusou das regras da ética cristã, acarretando para si trevas espirituais e a necessidade de trabalhar pela caridade a fim de expiar suas faltas e gradativamente adquirir elevação espiritual. Neste paradigma está evidenciada a influência das crenças kardecistas nas quais o espírito depois de desencarnar continua seu progresso espiritual.

Dentre estas almas atormentadas pelas suas próprias culpas estão aqueles que admitem se submeter à Lei de umbanda, que tem por base a prática da caridade e o retorno de todas as ações, e aqueles que se rebelam contra esta Lei, tornando-se agentes do mal e das doenças entre os encarnados. Estes são chamados de Exus Pagãos (ZACHARIAS, 1998).

Aqueles que trabalham sob a Lei tornam-se Exus de Lei e assumem a tarefa de entidades guardiãs dos *médiuns*, do terreiro, das casas e das pessoas.

Vamos analisar a letra de alguns pontos cantados que fazem referência a Exu, desde os primórdios da umbanda até a atualidade. Estes antigos pontos foram resgatados por Pai Pedro Miranda (2008).

Ponto de Exu, anterior a 1900.
Na bananeira que eu *plantô* à meia-noite,
E que deu cacho na beira do caminho.
Eu quero ver estes cabras que *é* valente,
E risca ponto contra feiticeiro.
Ele pisa no toco, ele pisa no galho,
O galho balança, Exu não cai.
Exu, olha, pisa no toco de um galho só.
Chuva com vento não me molha,
Sereno quer me molhar, o *Ganga*.
Marimbondo, pequenino,
Bota fogo na palhoça.
Sobe morro, desce serra,
Quem toca demanda é que vence a guerra
(MIRANDA, 2008).

Muitas letras são construídas seguindo a regra da rima ou do preenchimento de espaços com palavras de efeito a fim de manter o ritmo. Apesar disto, muitos elementos simbólicos estão presentes. No ponto acima vemos uma referência à bananeira, fruto que representa o *opa ogó*, o porrete em forma fálica pertencente a Exu. Assim também as referências ao caminho e à meia noite, hora considerada mágica, pois é a linha divisória entre dois dias e o divisor entre o que era e o que pode vir a ser. Divisão entre consciente e inconsciente, pois Exu caminha nos limites. (ZACHARIAS *apud* MANOEL e ANDRADE, 2008). Exatamente por isto pisa no toco e não cai, lembrando a lenda do gorro de duas cores já citada. Outro aspecto interessante é a subversão dos valores, um marimbondo pequeno pode criar tamanha destruição, o pequeno pode ser grande em suas ações, ou seja, um pequeno elemento inconsciente e rejeitado pode produzir efeitos devastadores na consciência (JUNG, 1987b).

> **Ponto do Exu Tranca Ruas, 1950.**
> Seu Tranca Ruas plantou uma rosa no seu jardim,
> Três pés de rosa perto de um lindo pé de jasmim.
> O tempo foi passando e a rosa floresceu,
> Uma rosa branca, uma amarela e outra toda
> vermelha.
> A rosa branca ofereceu a Yemanjá,
> Senhora d`água mãe de Obaluaiê.
> A rosa amarela entregou a Iansã formosa,
> E a vermelha ao reino de Ogum guerreiro
> (MIRANDA, 2008).

O Exu Tranca Ruas é o mais famoso na umbanda. Seu nome faz referência à possibilidade de circulação ou bloqueio da energia psíquica, pode conduzir ou proibir as trocas entre consciente e inconsciente, mantendo o equilíbrio entre as potências psíquicas. É considerado "Exu guardião-mor" e que trabalha para todos os Orixás. É muito poderoso e dá segurança às giras (sessão) dos terreiros" (CACCIATORE, 1977, p.240). Em sequência, vemos as rosas e suas cores, que já identificam as cores ritualísticas associadas a cada Orixá. Pode parecer curioso entregar duas rosas a Orixás femininos e outra a um Orixá masculino. No entanto, a rosa entregue a Ogum não é especificamente a ele, mas a seu reino, pois há uma forte presença da moral cristã.

Podemos observar que se associam a Exu elementos luminosos, ficando esta entidade a meio caminho entre um mentor kardecista e o exu do candomblé.

Ponto de Exu Tranca Ruas, 1940.
Seu Tranca Ruas meu amigo, meu camarada,
Meu companheiro desta minha longa jornada.
Vem, vem na umbanda trabalhar, vem na fé e
Oxalá,
Para seus filhos ajudar.

Ponto de Exu Tranca Ruas, 1948.
Somente a paz, somente o amor,
Conduz o homem ao alívio de sua dor.
Seu Tranca Rua é amigo trabalhador,
Na lei de umbanda ele é nosso protetor
(MIRANDA, 2008).

Neste outro ponto podemos ver a associação de Exu com o reino da luz, mostrando-se como agente de proteção e de auxílio às dores humanas. A referência ao amor e à paz eleva Seu Tranca Ruas ao imaginário de agente das esferas mais superiores da espiritualidade. Nestes primórdios, a compreensão de Exu está mais próxima da condição de guia, ou elemento psicodinâmico a serviço do Si Mesmo em seu aspecto numinoso.

Ponto do Exu Tranca Ruas, 1950.
Caminhei, caminhei, caminhei, mas encontrei,
Um Exu amigo, Tranca Ruas é um rei.
Se for doença ela vai curar,

Se for problema, ele vai aconselhar.
Se for tristeza, ele vai te alegrar,
Com uma linda música, *laraiá, laralaiá*.

Ponto do Exu Tranca Ruas, 1935.
Foi Oxalá, quem mandou lhe pedir,
Quem mandou implorar.
Que as santas almas viessem me ajudar,
Tranca Ruas de joelhos,
No terreiro a trabalhar.

Ponto de Exu Tranca Ruas, 1942.
Seu Tranca Ruas me cobre com a sua capa,
Quem tem sua capa escapa.
A sua capa é o manto da caridade,
Sua capa cobre tudo, só não cobre a falsidade.

Ponto de Exu Tranca Ruas, década de 1940.
Salve ele que segura a nossa banda,
E que traz a nossa luz.
Ele é empregado de Ogum,
E nos trás uma mensagem de amor.
Por isso nós vamos cantar e bater palmas,
Pra Seu Tranca Rua das Almas,
Nosso amigo e protetor.
Com licença de Oxalá,
Com o calor de nossas palmas,
Seu Tranca Ruas das Almas,
Vem na luz de Oxalá

(MIRANDA, 2008).

Nestes pontos, Seu Tranca Ruas é apresentado como médico, conselheiro e, de certa forma, também psicólogo, pois pode resolver a tristeza, ou depressão, agindo diretamente na alma do fiel. Apesar deste apoio explícito, ele exige que o devoto seja sincero, ele pode compreender as dificuldades humanas, mas não tolera a falsidade. Toda esta prática e caridade está sob o comando de Oxalá, ou seja, Seu Tranca Ruas é um agente muito mais próximo de um anjo do Senhor, na linguagem cristã, do que de diabo. Nestes primórdios, Exu ainda não fora associado aos aspectos mais sombrios da personalidade. Ele vem a serviço de Ogum, sincretizado na umbanda com São Jorge, e na luz de Oxalá, uma forte evidência de sua atuação em favor dos aspectos mais luminosos da Imagem de Deus ou Si Mesmo.

Ponto dos Exus Tranca Ruas e Tiriri, década de 1940.
Veio da *encruza*,
Dar-te um abraço teu amigo Tiriri.
Inã Inã Mojubá, ê, é *Mojubá*,
Ele é varonil.
Na encruza tem dois amigos,
Tranca Ruas e Tiriri

(MIRANDA, 2008).

A referência ao local preferido de Exu está presente no termo *encruza*, abreviatura de encruzilhada, evocando os caminhos e um dos locais em que se reverenciava Hermes na antiguidade, como já foi mencionado. Aqui vemos outro personagem, o amigo Exu Tiriri, "muito popular que desfaz demandas injustas. É mensageiro de Ogum" (CACCIATORE, 1977, p. 120). Outro aspecto se fortalece na figura de Exu, o de guardião guerreiro, associado a Ogum (São Jorge) o Orixá das guerras, neste caso, contra o mal. O termo *Inã*, segundo Cacciatore (1977), se refere ao Exu protetor e zelador do terreiro, *Ilê* ou casa, é associado ao fogo e o primeiro a ser servido. Nos parece impossível não lembrar de Héstia dos antigos gregos, a deusa representada pelo fogo da lareira protetora dos lares. Mojubá, segundo Prandi (2005, p.306), é uma saudação, "literalmente, eu te saúdo". Temos nesta parte do ponto uma apropriação do candomblé para a saudação a Exu.

Ponto de abertura dos trabalhos (sem data).

Exu, Exu Tranca Ruas,
Me abre o terreiro,
E me fecha a rua.

Ponto de encerramento dos trabalhos (sem data).

Exu, Exu Tranca Ruas,
Me fecha o terreiro,
E me abre a rua

(ALVA, s/d).

Nestes pontos indicados por Alva (s/d), fica evidente a função de Exu como guardião dos trabalhos do terreiro, principalmente mostrando a necessidade de se "fechar a rua" em tempos de perseguição religiosa e policial. Também evidencia-se a função de condutor de almas, intermediador entre mundos, o profano e o religioso, o consciente e o inconsciente.

Embora no candomblé Exu seja um Orixá masculino, na umbanda surge a figura da Pomba-Gira, o aspecto feminino de Exu que agregará as almas femininas em processo de evolução e aprimoramento espiritual, devendo praticar a caridade para purificar sua faltas da vida encarnada. Nestes primórdios elas surgem igualmente como mentoras e auxiliares dos devotos, em seus aspectos mais numinosos.

É uma figura que adquire diversos nomes, como Exu. Apresenta-se como uma mulher faceira e insinuante, veste-se com vestidos longos ou saias muito enfeitadas geralmente nas cores preto e vermelho, usa plumas, colares, pulseiras e outros adereços do glamour feminino. Está a serviço de Orixás femininos como Yemanjá, Oxum e Iansã (ZACHARIAS, 1998).

Seguem alguns pontos próprios das Pombas-Giras igualmente recolhidos por Miranda (2008).

Ponto de Exu e Pomba-Gira, década de 1940.

De longe eu ouvi um atabaque afinado,

Ele dizia: tem festa nesse reinado.
Vi Dona Sete chegar, a Mulambo cantar e a
Padilha sambar.
Moça, hoje a festa é sua,
Mas aquela porteira é de Seu Tranca Ruas
A festa hoje é sua,
Neste terreiro vim saudar a ti

(MIRANDA, 2008).

Neste ponto, já se observa a associação da Pomba-Gira com a diversão e a alegria, provavelmente uma roda de samba, uma das origens da construção da umbanda. Faz-se menção a três pombas-giras muito populares: Dona Sete, referência ao número mágico sete; Mulambo, ou molambo que quer dizer roupa velha, farrapos, referência à pobreza e abandono social; e Padilha, ou como se encontra na literatura histórica hispânica, Dona Maria de Padilha e toda sua quadrilha; realmente ela viveu no século XIV e foi amante do rei D. Pedro I, o cruel (1334 -1369), que ordenou a prisão e a morte de Dona Blanca, sua esposa, a pedido de Padilha, que com ele teve quatro filhos. A figura de Maria de Padilha foi associada em Espanha e Portugal à mulher da nobreza, sedutora, envolvida em feitiçarias e malefícios de toda sorte, para a conquista de objetivos amorosos egoístas. Contribuiu para a construção da figura da jovem e bela bruxa, satanizando os atributos femininos ligados à sensualidade e aos mistérios das práticas pagãs das ervas e encantamentos, desembocando nas perseguições inquisitórias (MEYER, 1993 e LIGÉRIO, 2004).

No caso das Pombas-Giras, podemos observar que o contexto do feminino se divide em aspectos mais religiosos, representados pelas pretas-velhas e caboclas; e mais profanos, representados pelas pombas-giras. No entanto, estas últimas ainda associadas a aspectos numinosos do Si Mesmo, representados pelo amor e caridade.

Ponto da Pomba-Gira Dona Sete, 1957.
Subindo para o alto da colina,

> Encontrei uma casa linda, com uma moça
> formosa.
> Era Pomba-Gira com sete rosas amarelas na mão.
> Era Dona Sete, moça bonita,
> Que nos dá sua bênção.
> Sua meta é a bondade com amor e humildade,
> Praticar a caridade.
> Filha de Seu Omulu vem trazendo sua luz,
> Para os filhos de Jesus
>
> (MIRANDA, 2008).

Neste ponto, é enaltecido outro aspecto das pombas-giras, sua beleza e sensualidade brejeira e delicada com rosas amarelas, referência a Iansã e a Omulu, a versão velha de Obaluaê, que tem seu trono no reino dos mortos, assim como a morada de *Kyron* era uma das entradas para os *ínferos*, o reino dos mortos (ZACHARIAS, 1998). Esta figura ainda se mostra como mensageira da luz.

> **Ponto de Pomba-Gira, 1943.**
> Rosa vermelha eu vi nos cabelos dela,
> Rosa vermelha eu vi uma rosa amarela.
> Rosa vermelha eu dei pra ela,
> Ela só quis uma rosa amarela.
> Uma rosa viva em suas mãos,
> Sete Catacumbas nos dê sua proteção
>
> (MIRANDA, 2008).

Aqui se observa a associação de Exu e Pomba-Gira com a realidade da morte. Não a morte como descanso ou sono, mas a morte personificada, uma espécie de viver na morte, como as almas viviam nos *ínferos*, representando o medo da morte e dos mortos, a crença nos fantasmas e almas penadas e, psicologicamente, a repressão de conteúdos mortos-vivos em áreas sombrias da personalidade, evidente na saudação ao Exu Seu Sete Catacumbas. Estes ameaçam a vida e assombram a existência em visões fantasmagóricas ou sonhos. Evidente surgimento de conteúdos inconscientes rejeitados e reprimidos que afloram à consciência, burlando mecanismos de defesa, e se impondo ao Eu provocam instabilidade e angústia (JUNG, 1991).

Gradualmente Exu foi sendo o depositário dos conteúdos sombrios e rejeitados pela cultura cristã: o mal, a materialidade, o feminino e a sexualidade, como diz Dourley (1987). Esta transformação levou Exu a representar principalmente três aspectos de nossa cultura judaico-cristã dissociadas da espiritualidade.

Estes são aspectos sombrios da personalidade, pelo menos aspectos identificados como negativos em nossa sociedade judaico-cristã, e por isso mesmo associados ao mal: a agressividade violenta, a sexualidade e a malandragem. Como já foi dito anteriormente, através destes pontos fica evidente que muitos Exus apresentam violência e agressividade, falam de maneira grosseira, utilizando-se de palavrões e gírias. Personificam marginais e desvalidos sociais de baixo nível cultural, dedicados ao mal e à vingança, devido à revolta pelo abandono social.

Os Exus podem ser personificados e identificados por meio de suas posturas, linguagem ou mesmo por suas narrativas. Podem representar, por exemplo, pessoas muito cultas, porém gananciosas e arrogantes, que não titubeiam em prejudicar qualquer um para atingir seus propósitos - estes Exus apresentam-se com a nobreza de um Mefisto. Em sua indumentária, utilizam as cores preto e vermelho, as cores da terra e do sangue, em capas, fraques, cartolas, fitas e colares, bem como tridentes.

Quanto menos luz tem um Exu, mais violento e agressivo ele se torna, é o chamado Exu Pagão, como foi mencionado anteriormente, dedicado à prática do mal. Outros Exus em evolução, os chamados *de* luz, controlam e combatem os sem luz, relativo à assertiva de que "o semelhante cura o semelhante". Alguns nomes próprios destas entidades denotam seus aspectos sombrios: Exu da Meia-Noite, Exu do Lodo, Caveira, João Caveira, Veludo (peludo, referência à animalidade e regressão psíquica, como no mito do rei Nabucodonosor narrado no Velho Testamento), Pinga-Fogo, Sete Covas, dentre outros. Alguns pontos cantados mais recentes apresentam esta afinidade com os aspectos mais sombrios da personalidade.

Ponto de chamada dos Exus.
Tá chegando a meia-noite,
Tá chegando a madrugada.
Salve o povo de Quimbanda,
Sem Exu não se faz nada
(3333 pontos riscados e cantados, 2006).

Ponto de Exu Bará.
Meia-noite na encruzilhada,
O sino bateu blém, blém.
O despacho foi arriado,
Foi entregue a Exu Bará,
Que trabalha pro nosso bem
(idem).

Nestes dois pontos o horário da meia-noite, extremo ponto da escuridão e divisão entre dois dias, dois mundos, duas realidades, é a Hora Grande, a hora de Exu. Também é a hora das sombras, dos malefícios, dos fantasmas e medos irracionais. Neste momento Exu reina no mundo, absoluto.

Ponto de Exu Brasa.
Ai, Ai, Ai,
Valei-me sete diabos.
Velei-me sete diabos,
Exu Brasa é um diabo
(3333 pontos riscados e cantados, 2006).

Ponto do Exu Lalu.
Lalu era anjo do céu,
E do céu foi despejado.

Na *tronqueira* da calunga,
Tem seu ponto confirmado.
O seu ponto é firme, ele é Exu,
O seu ponto é firme, ele é Exu Lalu

(idem).

Ponto do Exu Lúcifer.
Satanás, Satanás,
Lúcifer é Satanás.
Satanás, Satanás,
É um Exu, é Satanás,
Lúcifer é Satanás.
Deu meia-noite,
Deu meia-noite já.
Sete facas encruzadas,
Em cima de uma mesa.
Quem atirou foi Lúcifer,
Pra mostrar quem ele é

(idem).

Ponto do Exu Sete Catacumbas
No corredor do inferno,
Eu vi Sete Catacumbas.
Girava num pé só,
Pulando pelas macumbas.

Ponto do Exu Sete Cruzes.
Exu das Sete Cruzes,
Das sete cruzes ele é!
Carrega as sete cruzes,
Pro compadre Lúcifer

(idem).

Nestes pontos cantados, é explícita a associação de Exu com o diabo judaico-cristão, recebendo toda a projeção dos aspectos maléficos humanos. A referência à queda do paraíso coloca Exu com a corte de anjos rebeldes, chefiados por Lúcifer, e que foram derrotados pelo Arcanjo São Miguel, à semelhança do processo de repressão de conteúdos considerados inadequados à consciência e que são precipitados na região sombria do inconsciente pessoal e coletivo. Um aspecto que se destaca é a violência e a discórdia, na figura das sete facas lançadas sobre uma mesa. A citação do termo *calunga* é uma referência à questão da morte, pois o cemitério é chamado de *calunga* pequena e o mar *calunga* grande. A porteira do cemitério é indicada como a morada de um anjo caído, Exu Lalu, representando o cemitério como morada das almas penadas que têm como líder Exu. As almas benditas não ficam penando, mal-assombradas pelos cemitérios, estas rodeiam o Cruzeiro das Almas, local de oração e elevação espiritual, sob o influxo de Oxalá e Obaluaê, Nosso Senhor do Bonfim e São Lázaro respectivamente.

> **Ponto de Exu Mirim.**
> Exu Mirim é um Exu formoso,
> Ele é Exu de fé.
> Tem um pai e tem um mano,
> Esse mano é Lúcifer
> > (3333 pontos riscados e cantados, 2006).

> **Ponto de Exu Pagão.**
> Ele não foi batizado,
> Não buscou a salvação.
> Mas é ele quem vence demanda,
> Saravá Exu Pagão
> > (idem).

> **Ponto do Exu Mangueira.**
> Exu ganhou garrafa de *marafo*,
> E levou na capela pra benzer.
> Seu Mangueira correu e gritou:
> > Na batina do padre tem dendê! (idem)

Aqui surge a figura de Exu Mirim, um Exu criança. Geralmente rebelde e malicioso e algumas vezes, crianças que morreram sem o batismo cristão, segundo a concepção católica romana. Correspondem aos aspectos sombrios da Linha das Crianças ou Ibeijada, sincretizada com os santos Cosme e Damião (CACCIATORE, 1977). Na maioria das manifestações observadas, os Exus Mirins expressam a puberdade e adolescência rebelde. Expressam a irreverência e jocosidade própria da adolescência. Diferem das entidades da Linha das Crianças ou Erês, que se apresentam como crianças muito novas em torno de quatro a cinco anos.

Vemos a grande proximidade simbólica com os conteúdos do catolicismo, porque não ser batizado torna o indivíduo na condição de Exu quando em morte. Está fora do grupo aceito como bom e de luz pela rejeição à salvação oferecida pela Igreja. Apesar de proscrito, é fundamental em sua função de guerreiro e vencedor de demanda, pois, não tendo as restrições éticas e morais do cristianismo, pode lançar mão de violência ou trapaça para vencer o oponente. No processo analítico, é comum que conteúdos reprimidos na sombra sejam fundamentais para que questões da vida sejam resolvidas, com a integração destes conteúdos (JUNG, 1987c). Não se deve confundir o Exu Pagão, um Exu específico e de Lei e chefe de legião, com a denominação descrita acima de exus pagãos, sem luz e fora da Lei, os quais não possuem nomes próprios, pois são aspectos ainda indiferenciados.

Ainda vemos certa intimidade entre o catolicismo e os Exus, pois, embora identificados com o diabo, sendo o próprio em algumas referências, transitam pelos aspectos luminosos da religião cristã, como, por exemplo, se diz que Exu vai a uma capela para benzer sua cachaça (*marafo*). Entrar em uma capela e pedir a bênção para uma bebida seria algo impossível para um demônio na definição estrita da fé cristã.

Neste aspecto, há uma atividade de relacionamento e equilíbrio entre a sombra e a psique como um todo, interligados e mutuamente influentes, quando se estabelece certa homeostase. Neste paradigma, o diabo não é exatamente contrário a Cristo, mas tem campos de atuação diferenciados, dialogam e trabalham juntos para o melhor, são companheiros, se bem que sempre o diabo estará submisso e a serviço de Cristo. Isto é evidenciado na submissão dos exus aos Orixás ou santos como Ogum, São Jorge, Oxalá, Jesus Cristo, a Virgem Maria ou Yemanjá, dentre outros.

Relacionar-se com Exu a serviço do bem e próximo aos Orixás, ou a serviço do mal para satisfazer os desejos mais egoístas ou destrutivos, depende do fiel. Em outras palavras, relacionar-se com aspectos psíquicos reprimindo-os na sombra a ponto de adquirirem autonomia, ou buscar integrá-los na consciência é opção do ego no processo psicológico (JUNG, 1987a e 1987b).

> **Ponto de Exu Brasa.**
> Exu Brasa tem duas cabeças,
> Mas ele olha sua banda com fé.
> Uma é Satanás no inferno,
> A outra é de Jesus de Nazaré
> (3333 pontos riscados e cantados, 2006).

Aqui aparece a função de condutor de almas em Exu, que é intermediário entre as sombras e a luz, entre Satanás e Jesus. O bem e o mal estão bem evidenciados neste ponto cantado e como não tem especialmente moral, esta depende do fiel. Assim, sem o julgamento moral, o fiel pode expor seus desejos e intenções sem o risco de julgamento, mas deverá suportar as consequências próprias de sua escolha. E é o próprio Exu o executor da Lei de Retorno, a serviço de Oxalá, o Si Mesmo.

Outro aspecto sombrio por ele representado é a sensualidade libertina, menos refinada e provocante, ressaltado pelo comportamento sensual e irreverente da Pomba-Gira, equivalente feminino do Exu. Suas imagens apresentam mulheres seminuas, de seios expostos, pele vermelha e longos cabelos soltos encimados por um par de chifres.

Esta figura simbólica aproxima-se da Lilith presente na Kabbalah e nos escritos esotéricos de origem judaica, sendo ela a primeira companheira de Adão antes de Eva e que, recusando-se a se submeter ao patriarcado, foi amaldiçoada e banida do Éden. Mas é importante notar que esta associação somente é construída quando a figura de Exu se identifica, para muitos, com o diabo judaico-cristão (LURKER, 1993).

Manifestam-se de maneira insinuante, utilizando-se de palavrões e provocações de cunho erótico, além de especialistas em resolver problemas de amor e sexo. Geralmente são personificações de mulheres boêmias, libertinas, algumas vezes vulgares ou cortesãs envolvidas em intrigas e feitiços amorosos na realeza. A mesma questão anterior, de luz ou não, é valida para estas entidades. Alguns de seus nomes mais populares, além dos já citados são: Pomba-Gira Rainha, Arrepiada, Rosa Caveira, Mara, Maria da Ronda, dentre outros (ZACHARIAS, 1998).

A aproximação da figura de Exu com o mal foi se construindo ao longo do tempo e forneceu subsídios para que alguns terreiros se dedicassem aos trabalhos somente com estas entidades, para atender a solicitações de uma clientela que não era atendida nos terreiros de umbanda. Estes novos devotos buscavam ajuda para desejos mais sombrios como "amarrações para o amor", conquistar alguém à custa de romper relações matrimoniais, alcançar promoções em prejuízo de outros colegas, arruinar e até matar desafetos. Estes desejos não se coadunam com a lei da umbanda e em função disto se criou um novo segmento chamado Quiumbanda ou Quimbanda. Neste segmento, alguns elementos de umbanda são agregados, mas a principal prática é a da magia, considerada "negra" em função de seus propósitos. Nestes terreiros, os conteúdos sombrios são constelados e busca-se a realização deles através de encantamentos e feitiços. Não há crítica e, portanto, não há elaboração destes conteúdos, apenas a busca da realização de intenções fortemente centradas nos interesses imediatos da pessoa.

Neste novo contexto surgiu a figura de Exu Lúcifer (ALVA, s/d). É interessante notar que o diabo, ou Lúcifer cristão, não era mencionado nos primórdios da umbanda, pois esta figura não é reconhecida pelo kardecismo; bem como uma entidade voltada especificamente para o mal não existe no candomblé. O diabo católico é expresso na umbanda mais como uma tendência das almas encarnadas ou desencarnadas a fazerem o mal, contrárias à lei da caridade de Oxalá.

Comparando-se as letras de alguns pontos cantados de Exu mais recentes é possível verificar a transformação que ocorreu com a sedimentação da quimbanda.

> **Ponto de Exu Coquinho do Inferno.**
> Coquinho do inferno,
> Arrebenta Mirombo.
> São da linha de Congo,
> São *calunga* de Quilombo!
>
> (ALVA s/d).

A indicação do Quilombo aparece como resistência e insubordinação à escravidão exercida pelo colonizador branco, assim como os Exus que trabalham na quimbanda e não se submetem a lei da umbanda, não se comprometem com a ética da caridade cristã. Outra referência simbólica é a insubordinação de Lúcifer e seus anjos ao poder centralizador de Deus. A significação de Quilombo neste contexto é a de rebeldia, revolta, criação de um reino e um poder paralelo ao centralizador poder do senhor das terras. Exu Coquinho é escravo vindo do Congo e, pior ainda, *calunga* de Quilombo, almas penadas e vingativas provindas dos mortos nos quilombos, cheias de ódio e revolta. Uma clara referência a nossa sombra histórica, quando das fugas de escravos e sua organização em quilombos que sistematicamente eram devastados por caçadores de escravos ou bandeirantes.

> **Ponto de Pomba-Gira e Lúcifer.**
> A porta do inferno estremeceu,
> Veio todo mundo para ver quem é.

Ouviu-se gargalhada na encruza,
Era Seu Caveira com a mulher de *Lucifé*
(3333 pontos riscados e cantados, 2006).

A porteira do inferno estremeceu,
As almas correm pra ver quem é.
Deu uma gargalhada na encruzilhada,
É a Pomba-Gira e Seu *Lucifé*
(recolhido pelo autor, 2008).

Ponto de Exu Caveira.
Portão de ferro,
Cadeado de madeira.
Na porta do cemitério,
Quem mora é Exu Caveira
(3333 pontos riscados e cantados, 2006).

Portão de ferro,
Cadeado de madeira.
É o portão do cemitério,
Onde mora Exu Caveira
(recolhido pelo autor, 2008).

Podemos observar nestes pontos cantados as associações que são feitas entre Exu e o diabo cristão, especialmente com a figura de Lúcifer, o inferno e a morte como estágio tenebroso e assustador.

Vários autores não acadêmicos descrevem os Exus em associação a demônios da *Kabbalah* esotérica como Béelzebuth ou Aschtaroth, formando com Lúcifer ou Exu Maioral (*Maiorá*) a trindade máxima no mundo dos Exus, narrando experiências de suas práticas religiosas na quimbanda, onde estes exus são assim reconhecidos e cultuados (ALVA s/d). Neste sentido Exu passa a ser o portador do mal que pode ocorrer às pessoas. Alva (s/d, pp.95, 96 e 97) nos dá exemplos destas atribuições.

CAPÍTULO 2 | NOVOS CAMINHOS, NOVOS AMIGOS

Exu Tatá Caveira – é o provocador do sono da morte e manipulador das drogas entorpecentes.
Exu Brasa – é o provocador de incêndios.
Exu Pemba – é o propagador de doenças venéreas e favorece amores clandestinos.
Exu Maré – facilita a amizade com pessoas ricas.
Exu Carangola – faz com que as pessoas deem gargalhadas histéricas e fiquem perturbadas, dançando sem parar.
Exu Arranca Toco – facilita o enriquecimento e encontrar tesouros.
Exu Pagão – provocador da separação entre casais, criando ideias de ciúme e ódio, principalmente quando há dúvidas quanto à legitimidade dos filhos.
Exu Pimenta – elabora os filtros para o amor e transforma metais.
Exu Malê – domina as artes mágicas e a bruxaria.
Exu das 7 Montanhas – apresenta-se coberto de lodo e deixa cheiro de podre no ar.
Exu Ganga – Atua sobre os feitiços feitos nos cemitérios e deixa forte cheiro de carne em decomposição.
Exu Quirombo – prefere prejudicar mocinhas, levando-as para o mau caminho.
Exu Kaminaloá – chefe da linha de Mussurubi, seus subalternos se apresentam como negros, ornados com penas na cabeça e cintura, argolas nos lábios, orelhas e braços. Provocam a loucura
(*idem* p.71).

Podemos observar nestas definições das atividades de cada Exu, a relação com os aspectos maléficos, associados ao mal, seja ele moral, ético ou cultural próprio de nossa cultura judaico-cristã. Assim sendo, Exu passa a ser o depositário de aspectos da sombra individual ou coletiva, aqueles aspectos incompatíveis com a identidade do Eu e com a *persona* socialmente adaptada aos princípios morais e éticos.

A aproximação do mapa simbólico dos Orixás do candomblé, em que não há a distinção entre bem e mal, com o cristianismo católico que mantém esta clara divisão entre Deus bom e o diabo malvado, obrigou Exu a assumir este último papel em consequência de suas características mais humanas e, aos olhos sacerdotais, mais profanas.

O paradigma do kardecismo, presente no início da umbanda, não conseguiu impedir que esta aproximação simbólica entre Exu e o diabo ocorresse, principalmente alimentada pela prática da quimbanda, um rito variante da umbanda que somente trabalha com exus.

Esta nova roupagem para Exu possibilitou que ele fosse procurado para satisfazer os desejos mais sombrios e não revelados dos devotos, como causador de mazelas de toda sorte.

Vamos analisar alguns aspectos das características dos exus acima descritos por Antônio da Alva (s/d). Tatá Caveira é o responsável pela manipulação de drogas, provavelmente presente na psique do usuário, representando simbolicamente a compulsão para a adição e a dependência.

Exu Brasa passa a simbolizar o descuido ou mesmo a intenção inconsciente de atear fogo em lugares, conhecida como piromania. O Exu Pemba é o mais presente símbolo para a compulsão sexual ou promiscuidade que, quando não precavida conscientemente, conduz à contaminação por DST.

Exu Maré e Exu Arranca Toco personificam a ganância e o oportunismo em busca de riquezas pessoais de modo fácil, sem o esforço do trabalho. Exu Carangola se apresenta como responsável pela extravagância social e inconveniências incompatíveis com uma boa educação piedosa e cristã.

O Exu Pagão expressa as desconfianças entre casais, principalmente em função de filhos gerados em adultério. É curioso notar que estes filhos não podem ser considerados cristãos e integrantes da família cristã. Mesmo que batizados serão pagãos, rejeitados sempre pela família e pela sociedade.

Exu Pimenta e Male referem-se aos conhecimentos ocultos e à bruxaria, aspectos igualmente reprimidos pela Igreja e pela sociedade. Os Exus das Sete Montanhas e Ganga simbolizam a decomposição e a podridão, aspectos fortemente associados com conteúdos sombrios, descritos na literatura analítica e também na alquimia como *putrefatio*. O Exu Quirombo é a personificação da pulsão erótica em mocinhas que deveriam permanecer virgens até o casamento. E, finalmente, o Exu Kaminaloá representa o preconceito social aos povos negros que se mostram altivos e combativos em suas tribos. Este Exu é o responsável pela loucura, talvez a loucura da liberdade, igualdade e autoestima. Somente é aceito socialmente o negro na forma do preto-velho, escravo, submisso, bondoso e paciente.

Estas projeções permitem a Exu ser o porta-voz de conteúdos sombrios pessoais e coletivos, desde que sejam elaborados e a responsabilidade de cada um em todas estas "tentações" seja reconhecida e integrada na consciência (JUNG, 1987c). Mas, por outro lado, este mal pessoal pode continuar a ser projetado em Exu, eximindo o indivíduo da responsabilidade de assumir sua própria sombra e de lidar com ela.

Esta descrição não esgota os nomes e características dos exus existentes neste vasto universo do imaginário umbandista e quimbandista, que é muito dinâmico.

Com esta análise dos Exus, na concepção da umbanda, percebemos que eles estão encarnando os aspectos sombrios da personalidade. A agressividade brutal ou não dirigida e menos refinada; a sensualidade vulgar e promíscua; a utilização dos conhecimentos ou *status* social de maneira egoísta; a rebeldia e insubordinação às regras estabelecidas; bem como a malandragem e as atividades fora da lei são aspectos que compõem a sombra pessoal em nossa cultura, pois em função de uma aparência social (persona) estes aspectos menos morais e cristãos devem ser reprimidos no inconsciente pessoal (sombra).

É de interesse observar que as entidades presentes na umbanda, se por um lado são configurações míticas de elementos da psique inconsciente, por outro lado personificam aspectos excluídos e desintegrados da coletividade social e cultural em que se insere. Como já mencionamos, a umbanda é uma religião urbana, com maior incidência no sudeste e sul do país. Sendo uma religião urbana, agrega fiéis que pouco contato têm com a natureza e com as raízes culturais do Brasil. Assim, o resgate de elementos dissociados nas culturas urbanas do sudeste e sul é feito através da personificação das entidades manifestas, que ao mesmo tempo oferecem um mapa de realidade (referencial imagético) para a expressão de forças inconscientes que buscam integrarem-se ao ego, e muitas vezes estas forças atuam de modo compensatório às atitudes unilaterais da consciência.

Este aspecto marginal urbano é representado por um Exu com características muito peculiares. Apresenta o submundo das grandes metrópoles, a malandragem e a boa vida de forma desonesta. Seu personagem clássico é o Exu Zé Pelintra. Sua iconografia é a de um homem jovem mulato, com terno de linho branco; chapéu panamá branco, gravata branca, camisa de seda vermelha e sapatos vermelho e branco ou preto e branco, e geralmente carrega uma bengala branca.

Especialista em negociações com o submundo da malandragem social, muitas vezes serve de intermediário entre níveis sociais diferenciados (classes produtivas e marginalizadas da sociedade). Entendendo este aspecto do ponto de vista da cosmogonia da umbanda, Zé Pelintra torna-se intermediário entre entidades de luz e sem luz.

Como o próprio nome diz, Zé Pelintra é definido por Cacciatore (1977) como peralta, travesso e bem aprumado; e bem pode receber o adjetivo "pilantra", sua figura é a do malandro da década de 1920 que serviu de inspiração para a *Ópera do malandro* de Chico Buarque de Holanda. Seu Zé é uma figura advinda do Catimbó pernambucano, e representa a vida de malandragem em Recife dos anos de 1920.

Ponto de Zé Pelintra.
Seu Zé Pelintra não teve pai,

CAPÍTULO 2 | NOVOS CAMINHOS, NOVOS AMIGOS

> Não teve mãe.
> Ele foi criado por Ogum Beira-Mar,
> Em nome de Deus e de todos os Orixás
> (LIGÉRIO, 2004).

Seu Zé, como é carinhosamente chamado, foi um garoto órfão, criado por Ogum, tido como o comandante de todos os exus. Tornou-se conhecido principalmente no nordeste, presente nos rituais como Mestre de Catimbó, culto sincrético entre a pajelança e o candomblé de caboclo, acrescido de práticas de feitiçaria variadas, sofrendo influência do catolicismo e do kardecismo (CACCIATORE, 1977 e LIGIÉRO, 2004). Muitas histórias apontam para a existência humana de Seu Zé; na verdade sua história pode ser encontrada em uma infinidade de personagens reais de valentões e boêmios em muitas cidades como Recife, Rio de Janeiro e outras. Sua proximidade com o diabo e, ao mesmo tempo com Deus, mostra-o como elemento de ligação entre os conteúdos aceitos e não, o bem e o mal, a sombra e o ego. O diálogo a seguir, recolhido por Ligiéro (2004, p. 30) apresenta este dinamismo.

> Mestre: Hum...já veio. O nego já chegô! Cum Deus e Nossa Senhora se sente o diabo! Ajudante: Não! Fique com Deus! Peço um auxílio a você i para acomodá estas matérias que precisa muito uns bons auxílios dado pela Providência divina cum Deus e a Virge Maria protegeres a mim e a todos qui istá a presença im nome de Deus poderoso, Deus crescente suas luze divina. Mestre: Cadê a bicada do Zé Pilintra?

Seu Zé transita à noite pelas ruas das cidades, repletas de riscos, de emboscadas, de valentões e salteadores. A todos conhece e defende seus devotos contra estes infortúnios. Após orientações de precaução dadas a um rapaz que foi pedir ajuda, Seu Zé fez a seguinte oração: "Protejo o seu corpo contra faca, contra navalha e bala" (LIGIÉRO, 2004, p.41). No entanto, as orientações dadas ao rapaz foram no sentido de ele não andar pelas ruas tarde da noite, não desafiar outros e não bancar o valentão, pois não teria sucesso em qualquer destas atividades. Do ponto de vista analítico, Seu Zé estava protegendo o rapaz dos riscos da rua ou dos riscos que sua disposição psíquica o arrasta a correr? Ele procura proteção contra os valentões, mas ele mesmo se mostra inclinado à violência e ao perigo.

Duas figuras derivam de Seu Zé, o Seu Zé do Sertão ou Zé Valentão, identificado com a região rural, e Zé Pelintra com a urbana. Em algumas representações ele aparece com um livro verde aos pés indicando ser letrado, contador de histórias, um sambista ou poeta intérprete dos segredos da natureza (*idem*).

> **Ponto de Zé Pelintra.**
> No encruzo me chamaram,
> Pra quebrar uma demanda.
> Se presente vou ganhar,
> Sua demanda vou quebrar.
> Se o inimigo for bem forte,
> Vou gostar e demandar.
> Com meu Santo Antônio de Fogo,
> Sua demanda eu vou quebrar.
> Sou Exu Zé Pelintra,
> Que não gosta de brincar
>
> (LIGIÉRO, 2004, p. 69).

Seu Zé demanda em benefício de quem o presentear, além de gostar de uma boa briga. Utiliza Santo Antônio, sincretizado a Ogum no nordeste e, por isto, aceita uma batalha pelo bem do fiel. Uma das funções de Exu é a aproximação e integração de aspectos trevosos e luminosos para o bem do devoto.

Muitos são os nomes das entidades que se apresentam como companheiros de Seu Zé. São eles: Camisa Preta, Zé

Malandro, Terno Branco, Carioquinha, Zé das Mulheres, Gargalhada, Zé do Morro e Zé Pretinho, entre outros. Diferentemente de outros Exus, Seu Zé apresenta referências à vida urbana da boemia e das diferenças entre as classes sociais. Ligiéro (2004, p.91) apresenta a definição dada por Madame Satã, famoso travesti do Rio de Janeiro, da vida do malandro.

> Malandro era quem acompanhava as serenatas e frequentava botequins e cabarés e não corria de briga mesmo quando era contra a polícia. E não entregava o outro. E respeitava o outro. E cada um usava a sua navalha, cuja melhor era a sueca, que custava 1.500 réis. Apelido de navalha era pastorinha.

Seu Zé frequenta bares e botecos, boates e barzinhos onde a descontração, o flerte, certa malandragem e agressividade são constantes. Nesta descrição vemos os aspectos vivazes, festeiros e violentos que estão associados ao Seu Zé, o que o torna símbolo de todos estes atributos na psique individual, incompatíveis com a boa educação e a "vida direita e honesta" à qual a máscara social é bem formada. Pessoas com dificuldades em expressar-se de maneira mais espontânea, alegre, sensual e agressiva, bem precisam de Seu Zé como símbolo negado e sombrio destes atributos para, entrando em contato com ele, conhecendo-o mais a fundo e cantando com ele, assimilar estes atributos na consciência, liberando energia psíquica para a ampliação dos horizontes do ego.

Certa vez uma colega trouxe o caso de uma jovem que estava em crise em seu casamento. Ela sentia que seu marido a enganava e ao mesmo tempo conseguia convencê-la de que tudo estava bem. Esta esposa percebia em seu marido um ar sarcástico, mas ela tentava a todo custo negar esta percepção da sua relação matrimonial. Enquanto isto, o seu próprio desejo de sair e dar o troco ao marido era igualmente reprimido.

Neste quadro pessoal, a cliente chegou à terapia apresentando uma grande fobia pela figura do Zé Pelintra. Dizia que estava "morrendo de medo" e que ele a perseguia. Ela havia frequentado um terreiro de umbanda anos antes, mas esta figura passou a persegui-la de maneira cada vez mais intensa com o passar do tempo. Por orientação da supervisão, foi pedido a ela que associasse ao Zé Pelintra seu próprio conteúdo, onde a principal figura foi a do diabo cristão. Com o auxílio do conhecimento acerca dos Exus de umbanda, a figura do Seu Zé Pelintra pode ser ampliada, e uma vez ultrapassada a ansiedade causada pela associação com o diabo, a terapeuta que cuidava do caso pode sugerir uma conversa com Seu Zé, através da técnica da imaginação ativa.

Este contato consciente com o conteúdo inconsciente, representado pelo Zé Pelintra, trouxe nova luz à compreensão do relacionamento conflitante da cliente com seu marido e possibilitou a assimilação na consciência de conteúdos inconscientes, que antes eram negados. Admitiu a possibilidade de maior liberdade entre o casal, tornando-se mais sensual e sedutora, incluindo na relação matrimonial elementos antes repudiados em função de uma rígida educação moral.

Todos os Exus podem fazer o bem ou o mal, dependem de uma barganha, quando bem pagos podem fazer qualquer coisa, embora sempre associados ao mal.

Em um contexto de bem e mal, Exu transita muito além destes limites. Adapta-se e coloca-se sempre na posição de diálogo entre estas instâncias. Facilita o conhecimento dos aspectos sombrios do próprio indivíduo e, se bem compreendido, pode revelar o que não queremos ver, para a construção do todo e a ampliação da consciência. Torna-se nosso amigo, quando a questão é analisar o lado mais sombrio de nossa psique e, como Hermes, possibilita transmutações.

Por isto Exu é o Compadre, o que nos conhece "por dentro", um amigo íntimo de quem não se pode esconder os desejos e as experiências mais absurdas e sombrias, as extravagâncias e as loucuras que não contaríamos nem para o melhor amigo, às vezes nem para o nosso analista.

Laroyê Exu!

3
MEU COMPADRE CHEGA AO BRASIL

Se Exu entra numa terra,
Ele já entra em pé de guerra.
A chuva que gela um egum
Não se atreve a cruzar o fogo.
Molha o fantasma encharcado
(Oriki Orixá – Antônio Risério).

Com o início da colonização do Brasil pelos portugueses, desde o início se pensou em utilizar os índios como mão de obra para o trabalho pesado. Desde o descobrimento optou-se pela utilização de populações indígenas para este fim. No entanto, apesar dos processos de catequese e aculturação dos povos indígenas levados a termo pelos jesuítas, bem descritos por Gambini (1998), os primeiros habitantes do Brasil eram alvo de explorações e trabalhos forçados por parte dos colonizadores. Apesar do uso de força bruta e submissão forçada, o índio não se adaptava ao trabalho escravo, de modo que as fugas eram constantes, bem como a morte.

Encontrando tamanha dificuldade em se ter mão de obra escrava para o trabalho de exploração da terra recém descoberta, os portugueses preferiram a alternativa da escravidão negra. Esta já era praticada em outros países com bons resultados.

Em 1538 chegaram ao Brasil os primeiros escravos provenientes da África. Eles eram de diversas regiões e foram classificados genericamente em dois grupos. Os *Bantos*, que incluíam os procedentes do sul do Golfo da Guiné, do Congo, de Angola e Moçambique, das tribos angolas, bengalas, monjolos e moçambiques. E os *Sudaneses*, provenientes do Sudão e do norte do Golfo da Guiné, das tribos iorubas, jejes, tapás e haussás (VERGER, 1986).

Cada uma destas tribos ou reinos possuía uma cultura própria, tradições religiosas, divindades, estrutura hierárquica, costumes e dialetos.

Estas populações escravizadas partiam da Costa do Ouro e da Costa dos Escravos no Golfo da Guiné, de cidades como São João Ajudá, na enseada do atual Benin, e aportavam na Capital do Brasil, Salvador.

Podemos dividir a chegada dos escravos ao Brasil em quatro ciclos. Vamos nos ater ao quarto ciclo, que compreende o período de 1770 a 1850. Neste período, houve a chegada de uma grande quantidade de escravos de cultura ioruba para a cidade de Salvador na Bahia, que deixou de ser capital do país em 1763 em favor do Rio de Janeiro. Os estudiosos estimam que, entre 1550 e 1855, havia quatro milhões de negros escravos no Brasil (VERGER,1986).

Vale a pena lembrar que a escravidão não foi prática somente dos portugueses, mas de outros povos de seu tempo. Além disso, a escravidão de povos vencidos em guerras foi prática comum desde a antiguidade.

A justificativa para a escravidão dos povos negros era a crença, generalizada e apoiada pela ciência da época, de que o negro era racialmente inferior. Esta crença recebeu apoio no início do século XIX com teorias de Joseph Gall (1758-1828) sobre a frenologia. A teoria de Gall tentava identificar características de comportamento e de personalidade, através do estudo do formato da caixa craniana. Estes estudos influen-

CAPÍTULO 3 | MEU COMPADRE CHEGA AO BRASIL

ciaram a criação do sistema conhecido por Antropologia Criminal, de Césare Lombroso, anos mais tarde.

Aos olhos da frenologia, o negro africano era, por questões hereditárias, muito pouco inteligente e expressava suas emoções de forma instável e infantil. Por esta análise, o negro sem capacidade intelectual e estabilidade emocional, estaria fisiologicamente destinado à servidão! (FAUSTO, 1995).

Os porões dos navios negreiros eram locais infestos e, nestas condições, sem água ou alimento suficiente, muitos morriam, dando prejuízos aos que com eles faziam comércio. As pessoas eram tratadas como animais a serem vendidos ao matadouro e cada uma arranjava-se como podia, nestas condições.

Quando o navio de escravos chegava ao porto, os mercadores logo procuravam vendê-los por bom preço no mercado de escravos. Assim, famílias, grupos étnicos e da nobreza africana, eram separados, pois, raramente acontecia de um comprador de escravos adquirir toda uma família ao mesmo tempo. Parentes distanciavam-se, clãs e mesmo nações eram desfeitos, pois às vezes eram trazidos e vendidos como escravos membros da realeza africana. Isto fez com que ocorressem separações de um grupo, ao mesmo tempo em que havia novas aglutinações com outros grupos.

A escravidão nunca foi aceita pelos povos negros, que constantemente faziam resistência a este modo de vida. Formaram os Quilombos que se tornaram famosos, como o de Palmares em Alagoas. Surge a figura de Zumbi dos Palmares como símbolo vivo da resistência negra à escravidão. Formado no início do século XVII, sucumbiu em 1695, sob a mão de ferro do bandeirante Domingos Jorge Velho que, aliás, era um dos motivadores das aventuras bandeirantes, caçar escravos fugitivos, além de buscar riquezas (FAUSTO, 1995).

Por intermédio dos haussás, chegou ao Brasil uma forma de Islamismo-afro. Estes foram convertidos ao Islamismo por conta das invasões dos povos islâmicos no norte da África. Desta maneira trouxeram a devoção ao Corão, livro sagrado islâmico escrito por Maomé, e possuíam linguagem escrita. Por volta de 1090, o Islã se estabeleceu na região de Mali, sob as ordens do rei Malinqué. Muitos sudaneses se converteram ao Islã, outros misturavam sua nova religião às antigas práticas tribais. Nestes tempos, um príncipe chamado *Oduduwa* queria se manter fiel às tradições religiosas de seu povo, mas recebia resistência de seu irmão que era islâmico. Assim, decidiu roubar o Corão de seu irmão e partir para o sul, em direção à costa da Nigéria e fundou a cidade de Ifé, capital da nação dos iorubas (GONICK, 2004).

Os demais escravos não possuíam escrita, suas tradições eram orais e, como modo de sobrevivência, se agregavam com maior facilidade à Igreja Católica. Provavelmente uma questão teológica tenha ajudado nesta assimilação ao Cristianismo Católico. Para os islâmicos há somente um Deus, Alá e seu Profeta. Não poderiam aceitar a Trindade cristã em hipótese alguma! Como os outros povos negros eram politeístas, abriu-se caminho para o sincretismo com o catolicismo popular.

Os povos negros islâmicos lideraram muitas lutas de libertação na Bahia, entre 1807 e 1830. Não obtiveram êxito e finalmente foram exterminados em 1835, pela repressão armada do governo. Assim, extinguiram-se os cultos afro-islâmicos oriundos do Sudão. Com isto, a liderança religiosa dos povos negros passou para as mãos dos iorubás, estendendo sua influência pela Bahia, Minas Gerais, Rio de Janeiro, São Paulo, Pernambuco, Alagoas, Maranhão, Rio Grande do Norte e Paraíba (SANGIRARDI JR., 1988). No entanto, a influência dos povos bantos, anteriores aos iorubas ainda se mantém em muitas expressões da religiosidade afro-brasileira até nossos dias.

Havia entre os escravos muitos descendentes de alta hierarquia africana, que lideravam uma resistência cultural frente à cultura impositiva do senhor. Estas resistências tomaram maior forma e força no século XIX e forjaram o termo *candomblé*, que pode ser entendido como de origem quicongo-angola: *ka-n-domb-el-e*, um substantivo que foi derivado do verbo orar, invocar ou saudar (LIGIÉRO, 1993).

CAPÍTULO 3 | MEU COMPADRE CHEGA AO BRASIL

O modo de olhar para a cultura negra, por parte da Igreja Católica oficial, não era de modo algum diferente da postura discriminatória da ciência oficial. Em 1741, no documento *Immensa Pastorum*, o Papa Bento XIV afirmava que, muito embora os negros fossem infiéis, eles poderiam ser convertidos. Segundo esta orientação, era considerado muito mais cristão trazer os negros da África (como escravos) e conduzi-los à Igreja e à salvação, do que deixá-los em seu continente de origem, imersos no Paganismo, Animismo, Fetichismo e pior, correndo o risco de serem convertidos à heresia maior: o Islamismo! Através desta crença, os mercadores de escravos acalmavam suas consciências pesadas perante Deus (VERGER, 1986). Havia a justificativa cristã para a escravidão e, baseados nesta crença, outras medidas foram tomadas. Os navios negreiros eram batizados com nomes de santos católicos, como: Nossa Senhora da Conceição, Nossa Senhora da Ajuda, Nossa Senhora do Rosário, Senhor Bom Jesus. Ainda seguindo esta crença católica, na segunda metade do século XVIII proibiu-se aos protestantes terem escravos, pois seria outro problema se os seus senhores conseguissem convertê-los ao Protestantismo, outra heresia tão perniciosa quanto o Islamismo.

A realidade religiosa da África era a de cultos particulares por tribo ou nação, em que a adoração dos Orixás era regional, geralmente ligados a uma cidade, estado ou nação. Por exemplo: Xangô cultuado em Oyó, Oxalá – Orixalá/Oduduá – em Ifé, Oxum em Ijexá.

No Brasil, houve a quebra dos laços do clã original, sejam familiares ou de nação, ocorrida com a venda de famílias de negros para vários locais diferentes e distantes. Esta prática tinha por interesse evitar rebeliões e levantes contra o sistema escravagista e, se por um lado minou a possibilidade de luta do negro escravizado, por outro, proporcionou o enlace de aspectos culturais variados. Houve o encontro de Orixás, que na África mantinham-se de certa forma separados por seus grupos culturais diferentes. Esta aproximação desembocará, mais tarde, no candomblé afro-brasileiro que em alguns aspectos é diferente das práticas africanas. Além disso, a aproximação com práticas indígenas abriu caminho para outros ritos e devoções.

A adaptação da cultura religiosa dos povos africanos encontrou no território brasileiro um ambiente muito semelhante ao africano. A diversidade de espécies das florestas tropicais, especialmente da Mata Atlântica, forneceu, e ainda fornecem o elemento necessário para a religião dos Orixás, visto que o candomblé está assentado sobre aspectos da natureza. Tomemos como exemplo, o Orixá Iroko, que é representado por uma espécie de amoreira que chega a atingir 130 metros de altura (*Chlorophola excelsa*). No Brasil, esta árvore sagrada foi substituída por uma figueira, a Gameleira Branca (*Ficus doliaria*) (SANGIRARDI JR., 1988). Em entrevista à televisão, a Yalorixá Mãe Stella de Oxosse, de Salvador disse que ... "*sem folhas não há candomblé!*" (sic).

Suportar a condição da escravidão em terras estranhas exigia muito equilíbrio da população negra trazida para o Novo Mundo. Para manter a integridade interna, os escravos utilizavam as lembranças de sua terra natal. Entidades metafísicas como os Orixás (para os povos iorubas), Inquices (para os povos congo-angola) e os Voduns (para os povos daomeanos), possuíam um significado de coesão cultural e psicológica, que promovia o eixo de ligação do eu individual com a alma tribal, com sua terra e com seu Si Mesmo. Somente em 1680 é que temos uma referência sobre a religião dos negros. Existem documentos do Santo Ofício, da Inquisição, que acusam um grupo de negros de práticas supersticiosas, sob a orientação de uma "preta mestra". Sendo um documento do Santo Ofício, podemos inferir que este grupo estava sob a pecha da heresia, o que poderia ser punido severamente pelo Estado (VERGER, 1986).

Em 1758, o sétimo vice-rei do Brasil, o Conde de Arcos, incentivou as danças e os batuques promovidos pelos escravos, pensando que com esta prática evitaria revoltas destes povos. Era de seu interesse promover a reunião dos escravos de etnias diferentes e inimigas na África, para que estas diferenças fossem reativadas e, assim, impedir a união dos negros pelo laço comum da revolta.

No entanto, ocorreu um fato interessante: além de não disseminar a hostilidade entre os grupos, estas festas favoreceram a dissimulação do culto aos Orixás, sincretizados aos santos católicos. Devido à influência do catolicismo popular, muito difundido entre os escravos, estes afirmavam que nos batuques estariam louvando os santos católicos em seu próprio idioma. Surgiram nas senzalas pequenas mesas encimadas por imagens de santos católicos e, sob estas mesas, uma série de objetos mágicos, referentes aos antepassados e aos deuses tribais, os Orixás.

O sincretismo entre os Orixás e os santos do panteão católico romano ocorreu vagarosamente, não devido à imposição da Igreja Católica oficial, mas através da propagação do catolicismo popular, que era praticado pelo povo, principalmente nas irmandades leigas de escravos que se formavam junto às paróquias dedicadas aos negros.

A similaridade das histórias da vida dos santos, objetos a eles associados ou sua atuação específica em uma área da vida humana, levaram ao sincretismo. As histórias contadas sobre a vida de São Benedito, um santo negro, ou os milagres de Nossa Senhora do Rosário, protetora dos negros, bem como as lendas e histórias tradicionais, foram se aproximando, por analogia, às histórias e características dos Orixás. É importante notar que este fenômeno não ocorreu devido às influências da Igreja Oficial, mais teológica e estrutural, mas sim ao catolicismo Popular, que na sua prática é politeísta em função das inúmeras devoções particulares aos santos, anjos e almas benditas.

Nina Rodrigues aponta em 1890 que o sincretismo entre os Orixás africanos e os Santos Católicos ainda estava em construção; muitas divergências ainda ocorriam. Por exemplo, Xangô ainda oscilava entre uma identificação com São

Jerônimo e Santa Bárbara (VERGER, 1986). Já no início do século XX, a identificação de Xangô com São Jerônimo estava estabelecida no Brasil. Ainda hoje, o Orixá Ogum é associado a São Jorge no sudeste e sul do Brasil, ao passo que no nordeste é representado por Santo Antônio. Estes aspectos do sincretismo religioso serão discutidos mais adiante.

Não ocorria uma conversão do negro africano a nenhuma das religiões que lhe foram apresentadas, de maneira que ele abandonasse por completo suas práticas tradicionais antigas e sua cultura. Sempre a conversão levava a uma adaptação com base na identificação tribal.

Muito distante do candomblé brasileiro, podemos citar o que ocorreu aos negros que, levados ao sul dos Estados Unidos da América, converteram-se ao Protestantismo. Outros mantiveram suas tradições em práticas Vodu, na região de Nova Orleans. Estes grupos batistas originaram os primeiros movimentos pentecostais no início do século XX, trazendo ao Protestantismo norte-americano ritmos e danças, até então, estranhas à religião tradicional protestante do norte, mais europeia. Além disso, trouxeram fenômenos de possessão pelo Espírito Santo, chamados de *Batismo no Espírito Santo*, dons de cura divina, dons de línguas (xenoglossia) e profecias. Tais fatos são indícios de uma forte influência dos antigos ritos tribais africanos que modificaram a prática protestante tradicional até os dias atuais (ROLIM, 1987). Este movimento encontra-se hoje disseminado na Igreja Católica como Movimento Carismático e apresenta as mesmas características do Pentecostalismo Protestante.

3.1 HISTÓRIA E DESENVOLVIMENTO DO CULTO DOS ORIXÁS

Por influência do catolicismo Popular, as comunidades negras reuniram-se em confrarias religiosas sob a proteção da Igreja: eram as Irmandades Leigas surgidas no século XIX. Os povos angolanos formaram a Irmandade da Venerável Ordem Terceira do Rosário de Nossa Senhora das Portas do Carmo. Os daomeanos reuniram-se sob a Irmandade do Nosso Senhor Bom Jesus das Necessidades e Redentor dos Homens Pretos, os homens nagôs na Irmandade do Nosso Senhor dos Martírios e as mulheres na Irmandade de Nossa Senhora da Boa Morte, na Igreja Barroquinha, todas em Salvador (VERGER, 1986).

Desde o século XVII, muito antes da formação destas Irmandades, os batuques já se multiplicavam em todo o Brasil colônia e no século XIX existiam paralelamente às Irmandades. De certa forma, devido ao sincretismo emergente e à proximidade das expressões católicas populares, muitos ritos católicos das Irmandades estavam associados a ritos africanos ligeiramente modificados.

Neste quadro, algumas mulheres nagôs de keto, antigas escravas resolveram fundar oficialmente a primeira roça de candomblé do Brasil, próxima à Igreja da Barroquinha em Salvador, na Bahia. Mais tarde, devido a mudanças de localização, será conhecida como a Casa Branca do Engenho Novo, considerada a mais antiga casa de candomblé do Brasil, sendo rivalizada em antiguidade somente com a Casa das Minas em São Luiz do Maranhão (VOGEL, MELLO e BARROS, 1993).

Há algumas controvérsias sobre os nomes das mais antigas Yalorixás, ou Mães de Santo, porém alguns nomes são essenciais como: Yalussô Danadana e Yalussô Akalá, Marcelina da Silva, chamada Obatossi e sua neta Claudiana, que se tornaria mãe biológica de Maria Bibiana do Espírito Santo, conhecida como Mãe Senhora, segunda mãe de santo do tradicional Ilé Axé Opó Afonjá, a casa onde reside o poder do Rei Xangô, no período de 1938 a 1967. Outro nome importante na história do candomblé é Julia Maria da Conceição Nazaré, que fundou a Sociedade São Jorge do Gantois no Alto do Gantois, em Salvador; que posteriormente passou para Escolástica Maria da Conceição, conhecida como Mãe Menininha e que, com seu falecimento, em 13 de agosto de 1986, foi substituída por Mãe Cleuza, sua filha biológica (ZACHARIAS, 1989).

Eugênia Anna dos Santos, conhecida como Mãe Aninha, a partir da Casa Branca, fundou em 1910, o Ilé Axé do Opó Afonjá e dirigiu a casa de 1910 a 1938, época em que assumiu a direção Mãe Senhora. Posteriormente, a casa passou para a direção de Mãezinha Ondina de 1967 a 1976 e, desde este ano até hoje, encontra-se sob a liderança de Stella de Azevedo Santos, Mãe Stella de Oxosse (SANTOS, 1992).

Muitos outros candomblés foram se formando a partir destes e foram se espalhando pela Bahia, Rio de Janeiro, Minas Gerais, São Paulo, e pelo norte e sul do país. Estes representavam as terceiras e quartas gerações dos candomblés da Casa Branca do Engenho Velho, do Gantois e do Opó Afonjá. Paralelamente aos terreiros nagô-keto, surgiram os de nação ijexá, com ritos semelhantes, mas distintos. Também surgiu o candomblé de Egum, ou Sociedade de Eguns, dedicado não ao culto dos Orixás, mas dos ancestrais familiares.

Na virada do século XIX para o XX, houve maior sistematização e organização das casas de candomblé, devido a modificações sociais que ocorriam na Bahia, aos contatos salutares de Yalorixás com a África e das novas relações que aos poucos se criavam com a sociedade e a cultura. Os laços culturais e religiosos promovidos por viagens de intercâmbio com a África, a divulgação do candomblé em estados como o Rio de Janeiro e São Paulo e o aumento de fiéis do culto, forneceram terra fértil para a expansão do candomblé e sua definitiva influência na cultura brasileira.

Na história do candomblé do Brasil, muitas pessoas ilustres ofereceram substancial contribuição, tanto para sua fundamentação como para a sua divulgação em vários lugares, e cujos nomes não constam deste breve ensaio.

3.2 SINCRETISMOS E QUESTÕES SOCIAIS

No início do século XIX, a única religião autorizada no Brasil era a Católica Romana, havia uma grande dificuldade em se aceitar outras manifestações religiosas que não a religião oficial. O protestantismo era tolerado somente para estrangeiros, que de alguma sorte vinham ao Brasil em missão profissional e de maneira alguma se permitia um tipo de pregação proselitista ou de cunho salvacionista. O Islamismo era bastante perseguido pela Igreja e pelas autoridades policiais, que encontravam nesta região a maior heresia e o grande responsável pelas revoltas dos negros pela liberdade, de 1808 a 1835.

Os ritos africanos para os Orixás eram considerados práticas supersticiosas, perseguidas pelas autoridades no século XIX e virada do XX, tornando, assim, sua expressão clandestina e distante dos centros urbanos.

Até o final do século XIX, o candomblé em si não era perseguido, como o Islamismo ou o Protestantismo, visto que o primeiro não era considerado uma religião concorrente com o catolicismo Romano, mas simples práticas supersticiosas de negros primitivos, sem um sistema de crenças coeso, sem estrutura e lógica intrínsecas.

Apesar disto, a polícia perseguia os adeptos das práticas do candomblé, com um misto de desprezo, repressão e certo temor vago. Desde 1826 eram comuns as batidas policiais para evitar revoltas organizadas dos escravos e, nestas batidas, um grande número de "objetos de cultos fetichistas" eram apreendidos. O *Jornal da Bahia*, de 03 de março de 1955, aponta a invasão e apreensão de várias pessoas em um culto fetichista no local chamado Ilé Iyamassô, no Engenho Velho em Salvador, em que dentre o grupo de apreendidos estava Escolástica Maria da Conceição e viria a ser a famosa Mãe Menininha do Gantois (VERGER, 1986).

Com o advento do século XX e da organização e estruturação do candomblé, a Igreja Católica apercebe-se desta nova religião concorrente e, por conta de influência política, tem início a perseguição policial às roças de candomblé. Este fato é atestado por uma reportagem do jornal soteropolitano *A Tarde,* de 21 de junho de 1940, com a manchete "Varejada a

Igreja Negra e Presos os Bárbaros Sacerdotes – Amoreiras, em Itaparica, era um reduto do fetichismo" (*in* BRAGA, 1995, p. 34). A reportagem aponta Dr. Atílio Teixeira, delegado auxiliar, em acordo com o secretário da segurança, como líder da empreitada. Foram apreendidos vários objetos do "culto fetichista" e presos os seus líderes, dentre eles Eduardo Daniel de Paula que contava à época com 96 anos de idade! Esta invasão ocorreu no terreiro de Eguns em Itaparica, no Tradicional Omo Ilé Aboulá (BRAGA, 1995).

Em meados de 1937, Donald Pierson calculava a existência de setenta a cem candomblés ortodoxos, de rito ketu, além de outros de influência banto, candomblés de Congo e de Angola (LIGIÉRO, 1993).

Ocorreu um sincretismo entre os Santos Católicos e os Orixás e este fenômeno foi, de certa forma, reafirmado quando da organização das Irmandades de negros ao redor das paróquias. Muitos autores apontam este sincretismo como resultado da imposição da religião Católica da sociedade branca dominante; porém, recentemente, estudos de pesquisadores como Gisèle Cossard e Van der Poel indicam que muitos negros que chegaram ao Brasil como escravos já conheciam o Cristianismo através da ação de missões de capuchinhos, que se instalaram no oeste africano em 1640, dando início a uma elaboração popular do catolicismo Romano. Muito embora o catolicismo Oficial tenha se institucionalizado com a fundação da primeira diocese em 1596, no Congo (LIGIÉRO, 1993), o catolicismo popular estava imerso na população negra pela ação dos portugueses cristãos que chegaram no oeste da África, em 20 de janeiro de 1482 (VAN DER POEL, 1988).

A associação e, ao mesmo tempo, o disfarce das crenças africanas sob o manto das Irmandades foi perdendo a força em meados do século XX nas roças de rito ketu, porém manteve-se juntamente com forte influência ameríndia nas roças de rito Angola. Em entrevista ao *Jornal do Brasil* do Rio de Janeiro, datada de 11 de fevereiro de 1978, Mãe Menininha do Gantois diz... "fui criada na Igreja, fui batizada, acompanhei procissão, carreguei andor... Se existem homens que adoram o santo de madeira feito por eles, eu adoro a pedra, o santo do negro, que é a natureza" (*in* LIGIÉRO, 1993, p. 24). Digno de nota e muito relevante é o manifesto de Mãe Stella de Oxosse, que declarou publicamente a separação entre as duas religiões, candomblé e catolicismo, e que fortaleceu a afirmação do candomblé como uma religião autêntica em si mesma. Participam desta postura muitas lideranças do candomblé, dentre eles destacam-se Mãe Sandra Epega e Pai Francelino de Xapanã.

Nesta segunda metade do século XX, podemos encontrar candomblés ortodoxos, de rito ketu, como o Ilé Opó Afonjá, e outros de rito Angola e Tambor de Mina, como a Casa das Minas de Thoya Jarina. Além destes, candomblés que receberam maior influência de práticas ameríndias, os candomblés de Caboclo, os Xangôs, os Catimbós e, por outro lado, influências Católicas, Kardecistas, ameríndias e esotéricas favoreceram a formação da umbanda, mais difundida no sudeste e do sul do país.

Este breve histórico não esgota em absoluto o tema, mas lança bases para a compreensão do culto dos Orixás em uma perspectiva sócio histórica.

4

CONCLUSÃO: OI, ME DÁ MEU CHAPÉU, QUE JÁ VOU EMBORA! PORQUE BRINCADEIRA TEM HORA!

Meu Compadre é um caleidoscópio, tem muitas facetas.

Participante da criação do universo, esfera que contém todas as possibilidades, contradição dinâmica da ordem das coisas para que elas não se cristalizem e fiquem estagnadas.

Executor das ações de homeostase, a serviço do equilíbrio do todo, representado por Olorum, regulador da inflação psíquica.

Divindade da comunicação, do embuste e executor da justiça, tem parentes em várias culturas e épocas.

Hermes transformador dos potenciais e das energias, espirituais ou psíquicas. Mago ilusionista que na gargalhada e no deboche declara a verdade.

Porteiro regulador entre os mundos e da passagem ou não das motivações e impulsos, regulando o fluxo de energia em toda a personalidade.

Bode expiatório, acolhedor da maldade e dos medos humanos, é diabo, maldade, assombração, sexualidade, sensualidade, agressividade, violência, alegria, diversão, boemia, malandragem e o dinamismo da existência.

É o diálogo possível entre o rejeitado e o aceito, o condenável e o louvável, entre as virtudes e os vícios. É a tênue linha que separa o certo do errado, o bem do mal, a mente e o coração, o vivido do vir a ser e o consciente do inconsciente.

É a divindade humana da qual não temos vergonha de tirar a *persona* em sua presença e nos mostrarmos nem completamente bons nem completamente maus, mas profundamente humanos.

É psicopompo, condutor das almas e do Eu no caminho da individuação, não sem criar uma série de armadilhas para o autoconhecimento do peregrino.

Participante do Deus do Céu, Olorum, distante e difuso, atua na criação juntamente com Oxalá/Oduduá corrigindo excessos, pois só Olorum é Rei!

Podemos imaginar a relação de Oxalá/Oduduá com Exu como a pintura de William Blake (a criação), em que aparece Deus segurando um compasso entre os dedos e desenhando um círculo no cosmos. Esta é uma figura da criação. Olorum/Olofim é quem segura o compasso, enquanto o ponto de apoio e centralização é Oxalá/Oduduá e a outra ponta, a que se expande no universo é Exu, que percorre todo o mundo.

Se compreendermos Olorum ou o Deus em Blake como o infinito Incognoscível, não podemos afirmar que seja uno ou múltiplo, não sabemos. É o completo e absolutamente Outro, como disse Rudolph Otto.

A divindade, o completamente Outro, fascinante e tremendo é inacessível à percepção da alma humana, só percebemos a divindade a partir de duas expressões polares de manifestação: a unidade expressa em um uno centralizador e estruturante e a diversidade expressa no múltiplo, expansivo e multifacetado. Algo como a atuação simultânea das atitudes introversão e extroversão que emanam do Absoluto, que

CAPÍTULO 4 | CONCLUSÃO 99

devo reafirmar, não é uno nem múltiplo, é um possível além da compreensão humana. A famosa figura esotérica de *Baphomet*, a carta do diabo no tarô de Marselha, apresenta um ser com corpo de homem, seios de mulher, cabeça e patas de bode, tendo um dos braços levantados com a palavra *coagula* e o outro abaixado com a palavra solve. Podemos entender esta figura como alquímica e, neste estudo, podemos identificar que Exu solve enquanto Oxalá coagula. Exu dissolve e multiplica todas as coisas, diversificando e expandindo sua ação no tempo e espaço. Oxalá coagula, aglutina ao seu redor todas as coisas, criando um centro unificador e gerador de energia, concentrando sua ação no tempo e espaço. Assim como a relação dual entre Dioniso e Apolo. Neste contexto *Baphomet* não corresponde ao diabo judaico-cristão nem à imagem do mal. O mal se origina da estagnação e da radicalização em qualquer dos extremos, pois sua ação é destrutiva à dinâmica da existência, à dinâmica da Vida que inclui vida e morte.

Na umbanda Exu se mostra portador do rejeitado, contribuindo para que esta polaridade se estabilize, a possibilidade de integração entre opostos irreconciliáveis. Apesar disto, está sujeito a Oxalá, líder de todos os Orixás, que determina a Lei do Retorno, o *karma* e a caridade, limitando a ação de Exu.

Por um lado, o excesso de concentração em se tornar perfeito em caridade como Oxalá preconiza tende a criar uma personalidade enganosa, uma *persona* de bondade, pois ninguém pode ser tão bom e perfeito como recomendam os Evangelhos. Esta recomendação é um processo para toda a vida e não um estado atual a que se pode chegar. Esta tentativa pode levar ao conflito neurótico.

Por outro lado, o excesso de rebeldia e insubordinação ao instituído dificulta a existência dos indivíduos em sociedade e grupos, a construção de um sistema ético e moral que possa organizar uma cultura e a realidade imediata. Este excesso pode levar ao conflito psicótico (JUNG, 1987c).

A patologia está em se fixar em uma ou outra polaridade, o curso da vida exige a dinâmica necessária para que ela aconteça, o ego deve manter contato consciente com a natureza e a cultura em sua própria essência.

Vários aspectos da cultura brasileira estão presentes, de modo vivo, no culto aos Orixás. Ao longo dos anos, as religiões de matriz africana tornaram-se uma via de expressão do imaginário brasileiro, oferecendo conteúdo simbólico para preencher a fôrma de arquétipos universais. Seus rituais e doutrinas formam um mapa de realidade, em que conteúdos inconscientes podem ser vivenciados, compreendidos e assimilados.

É evidente que o simples fato de alguém frequentar um culto de matriz africana não promoverá a integração destes elementos de sua personalidade, assim como ocorre em qualquer religião ou culto, mas uma elaboração mais profunda sobre estas figuras pode contribuir para o processo de individuação tanto quanto os mitos greco-romanos, cristãos, judaicos, islâmicos, budistas, ou das antigas religiões.

Porém, a religião helenista está morta, compreendem-se seus deuses e mitos através de textos dos antigos gregos ou das obras de arte de época ou renascentistas. Não há cultos instituídos a Zeus ou Dioniso, além de pequenos grupos que tentam de modo esotérico reviver estes cultos.

Na maioria das vezes, causa certo incômodo estudar mais de perto uma religião viva, que tem culto e ritual e a realidade mais difícil de enfrentar, o fenômeno do transe. Além disto, o pesquisador deve superar o preconceito de atribuir patologia a qualquer manifestação mediúnica.

O Brasil é rico em expressões de religiosidade e simbologia, que emergem da experiência popular e da tradição ancestral dos povos constituintes da nação. Este vasto universo deve ser apropriado pelos pesquisadores brasileiros, assim como o fizeram Brizza, Gambini, Penna, Byington, Prandi, Verger, Van der Poel, Marques e Passos, citados nas referências.

CAPÍTULO 4 | CONCLUSÃO

Apontamos a necessidade de que sejam levados a efeito estudos mais aprofundados no sentido de se compreender o universo psicológico dos cultos de matriz africana e sua mitologia.

Reconhecemos que esta proposta é bem do tipo que Exu gosta, retirar o pesquisador de uma posição centrada na cultura europeia ou norte americana, para pensar outras culturas e outros povos pelo mundo.

Exu convida a psicologia analítica a caminhar pelo mundo, por outros mundos além do conhecido; assim como Jung foi ao encontro de outras maneiras de lidar com a psique, outros símbolos, outros deuses, outros ritos. Não queremos dizer que há estruturas psíquicas diferentes em diferentes povos, mas os símbolos que emergem apresentam elementos favoráveis para compreender melhor as culturas e dialogar com outros símbolos em outros povos. Freya, Afrodite, Oxum, Iansã e Yara têm muito a trocar entre si, pois através delas podemos ampliar a elaboração dos mitos e a compreensão da função simbólica da mente.

Exu convida a subverter o estabelecido, para evitar a cristalização. Investigações não muito ortodoxas são bem vindas e, quem sabe ao final, como ocorreu com Orunmilá, Exu nos conduza a um tesouro!

> E me dá meu chapéu, que já vou embora,
> Porque brincadeira tem hora!

REFERÊNCIAS

AFLALO, F. *candomblé, uma visão do mundo.* São Paulo: Mandarim, 1996.

ALVA, A. *O livro dos exus.* Rio de Janeiro: Eco, s/d.

BASTIDE, R. *As religiões africanas no Brasil.* São Paulo: Pioneira Editora, 1985.

BIRMAN, P. *O que é umbanda.* São Paulo: Brasiliense, 1985.

BRAGA, J. *Ancestralidade afro-brasileira, o culto de Babá Egum.* Salvador: EDUFBA, Universidade da Bahia e Ianamá, 1995.

BRIZZA, D.H.R. *A mutilação a alma brasileira.* São Paulo: Vetor, 2006.

CACCIATORE, O. G. *Dicionário de cultos afro-brasileiros.* Rio de Janeiro: Forense Universitária, 1977.

CARNEIRO, E. *Religiões negras: negros bantos.* Rio de Janeiro: Civilização Brasileira, 1991.

CHEVALIER, J. e GHEERBRANT, A. *Dicionário de símbolos.* Rio de Janeiro: José Olympio, 1990.

DAMASO, C.R., HENDGES, I.M. e CASTRO JÚNIOR, T. *Hermes, Tot, Ganesh e Exu, os mensageiros dos deuses, psicopompo.* Brasília: Monografia apresentada ao FACIS e ICEP, 2007, não publicada.

DAVIDSON, H. R. E. *Deuses e mitos do norte da Europa.* São Paulo: Madras, 2004.

FAUSTO, B. *História do Brasil.* São Paulo: EDUSP, 1995.

GAMBINI, R. *O espelho índio.* Rio de Janeiro: Espaço e Tempo, 1988.

GONICK, L. *A história do mundo.* São Paulo: Jaboticaba, 2004.

HINNELLS, J. R. *Dicionário das religiões.* São Paulo: Cultrix, 1989.

JUNG, C. G. *Memórias, sonhos, reflexões.* Rio de Janeiro: Nova Fronteira, 1975.

JUNG, C. G. *A natureza da psique.* CW XII. Petrópolis: Vozes, 1991

_____. *O homem e seus símbolos.* Rio de Janeiro: Nova Fronteira, 1980a.

_____. *Presente e futuro.* CW X. Petrópolis: Vozes, 1988.

_____. *Psicologia da religião oriental e ocidental.* CW XI. Petrópolis: Vozes, 1980b.

_____. *Psicologia do inconsciente.* CW VII. Petrópolis: Vozes, 1987a.

_____. *O eu e o inconsciente.* CW VII. Petrópolis: Vozes, 1987 b.

_____. *A prática da psicoterapia.* CW XVI. Petrópolis: Vozes, 1987c.

_____. *Os arquétipos do inconsciente coletivo.* CW IX. Petrópolis: Vozes, 2000.

_____. *A energia psíquica.* CW VIII. Petrópolis: Vozes, 1990.

_____. *Psicologia e Alquimia.* CW XII. Petrópolis: Vozes, 2000.

REFERÊNCIAS

LIGIÉRO, Z. *Iniciação ao candomblé*. Rio de Janeiro: Record, 1993.

_____. *Malandro divino*, Rio e Janeiro: Record e Nova Era, 2004.

LURKER, M. *Dicionário dos deuses e demônios*. São Paulo: Martins Fontes, 1993.

MARQUES, R. *O benzimento cristão: um estudo arquetípico da arte de benzer*. Campinas: Monografia apresentada ao IPAC, formação de analista, 2008.

MARTINS, A. *Lendas e Exu*. Rio e Janeiro: Pallas, 2005.

MEYER, M. *Maria Padilha e toda a sua quadrilha*. São Paulo: Duas Cidades, 1993.

MIRANDA, P. *Todo mundo quer umbanda*, plataforma digital *Spotify*, registro fonográfico, São Paulo: Ayom Records, 2008.

MUSSA, A. *O mito de Elegbara – Revista Orixás Especial*, n° 13. São Paulo: Minuano, s/d.

PASSOS, M. M. *Exu pede passagem*. São Paulo: Terceira Margem, 2003.

PIERI, P. F. *Dicionário junguiano*. São Paulo: Paulus e Vozes, 2002.

POEL, F. van der. *O negro e a religião* (artigo). Salvador: 1988, não publicado.

_____. *Com Deus me deito, com Deus me levanto*. *Coleção estudos da CNBB n° 17*. São Paulo: Paulinas, 1979.

PRANDI, R. *Os candomblés de São Paulo*. São Paulo: Hucitec e EDUSP, 1991.

_____. (org.). *Encantaria brasileira*. Rio de Janeiro: Pallas, 2001.

_____. *Segredos guardados*. São Paulo: Companhia das Letras, 2005.

SALAMI, S. e RIBEIRO, R. I. *Exu e a ordem do universo*. São Paulo, Oduduwa, 2011.

SANGIRARDI JR. *Deuses da África e do Brasil*. Rio de Janeiro: Civilização Brasileira, 1988.

SANTOS, M. S. A. *Meu tempo é agora*. Curitiba: Projeto CENTRHU, 1995.

SANTOS, D. M. (Mestre Didi). *História de um terreiro nagô*. São Paulo: Max Limonad, 1988.

SEGATO, R. L. *Santos e daimones*. Unb: Brasília, 1995.

SERRA, O. *Águas do rei*. Petrópolis: Vozes e Koinonia, 1995.

SILVA, V. G. *Orixás da metrópole*. Petrópolis: Vozes, 1995.

SPALDING, T. O. *Dicionário de mitologia greco-latina*. Belo Horizonte: Itatiaia, 1965.

3333 pontos riscados e cantados. 10ª. Reimpressão, sem indicação de autor. Rio de Janeiro: Pallas, 2006

VALLA, V. V. (org.). *Religião e cultura popular*. Rio de Janeiro: DP&A, 2001.

VERGER, P. F. *Orixás, deuses iorubás na África e no novo mundo*. São Paulo: Corrupio e Círculo do Livro, 1986.

_____. *As senhoras do pássaro da noite*. São Paulo: EDUSP, 1994.

_____. *Lendas africanas dos Orixás*. São Paulo: Corrupio,1987.

VOGEL, A.; MELLO, M.A.S. e BARROS, J.F.P. *A galinha d'angola, iniciação e identidade na cultura afro-brasileira*. Rio de Janeiro: Universidade Federal Fluminense e Pallas, 1993.

ZACHARIAS, J. J. M. *Ori axé: a dimensão arquetípica dos Orixás*. São Paulo: Vetor, 1998.

_____. *Tipos: a diversidade humana*. São Paulo: Vetor, 2006.

_____. *Simplificando os tipos psicológicos*. São Paulo: Sattva/AJB, 2018.

contato@sattvaeditora.com.br
www.sattvaeditora.com.br